W&G
anwenden und verstehen

W&G
anwenden und verstehen

Wirtschaft und Gesellschaft
B-Profil
Theorie und Aufgaben

4. Semester

VERLAG:SKV | kv bildungsgruppe schweiz

Team

Dieses Lehrmittel ist ein Gemeinschaftswerk von ausgewiesenen Lehrpersonen mit jahrelanger Praxis in Schule und Betrieb. Aktuell zeichnet sich folgendes Team für die Inhalte verantwortlich.

Finanzwirtschaftliche Zusammenhänge

Dr. Daniela Fluder verfügt über langjährige Lehrerfahrung als Handelslehrerin und Dozentin Weiterbildung, u.a. an der Wirtschaftsschule KV Zürich.

Betriebswirtschaftliche Zusammenhänge

Karin Wild, Handelslehrerin, Handelsschule KV Basel

Recht und Staat

Dominik Müller, Handelslehrer, Leiter Berufsmaturität BM, WKS KV Bildung Bern

Gesamtwirtschaftliche und gesellschaftliche Zusammenhänge

Corinne Sylla, Handelslehrerin, KV Zürich

Prof. Dr. Roman Dörig wirkte als wissenschaftlicher Berater in fachlicher und methodisch-didaktischer Hinsicht mit und war Dozent am Institut für Angewandte Medienwissenschaft (IAM) an der Zürcher Hochschule für Angewandte Wissenschaften (ZHAW) sowie Privatdozent an der Universität St. Gallen.

Haben Sie Fragen, Anregungen, Rückmeldungen oder Kritik?
Kontaktieren Sie uns unter feedback@verlagskv.ch.
Das Autorenteam freut sich auf Ihr Feedback.

5. Auflage 2021
Bundle ohne Lösungen: ISBN 978-3-286-34635-2
Bundle mit digitalen Lösungen: ISBN 978-3-286-34877-6
© Verlag SKV AG, Zürich
   www.verlagskv.ch
Alle Rechte vorbehalten.
Ohne Genehmigung des Verlags ist es nicht gestattet,
das Buch oder Teile daraus in irgendeiner Form zu reproduzieren.
Projektleitung: Jeannine Tresch
Umschlagbild: Shutterstock

Zu diesem Buch

Konzept

Das Lehrmittel «W&G anwenden und verstehen» zeichnet sich durch folgende Punkte aus:

- exakt abgestimmt auf die Inhalte und die Semesterreihung gemäss Bildungsplan (BIVO 2012)
- pro Semester ein Band
- im Theorie- und Aufgabenteil konsequent nach Lernschritten aufgebaut
- verständlich formuliert mit anschaulichen Strukturdarstellungen
- mit vielen Zusatzaufgaben für den differenzierten Unterricht oder das individuelle Lernen
- als gebundenes Lehrmittel oder in Ordnerform einsetzbar
- vielfältige digitale Begleitmaterialien (Enhanced Book, Wissens-Check etc.) für Lehrpersonen und Lernende

Aufbau

Das Lehrmittel ist unterteilt in vier Fachbereiche, entsprechend den Richtzielen des Bildungsplans:

1.5.1 **Finanzwirtschaftliche Zusammenhänge (FWZ)**
1.5.2 **Betriebswirtschaftliche Zusammenhänge (BWZ)**
1.5.3 **Recht und Staat (R&S)**
1.5.4 **Gesamtwirtschaftliche und gesellschaftliche Zusammenhänge (GWZ)**

Mit der Erarbeitung der Theorie und dem Lösen aller Aufgaben eines Bandes ist sichergestellt, dass die Leistungsziele eines Semesters umfassend behandelt und geübt werden.
Eine Inhaltsübersicht über alle Semesterbände steht den Lehrpersonen im Bookshelf zur Verfügung. Der sechste Semesterband enthält eine zielgerichtete Repetition als Vorbereitung auf die Abschlussprüfung.

Aufgabensystematik

Der systematische Aufbau von Theorie und Aufgaben in Lernschritten erlaubt, die Lerninhalte deduktiv oder induktiv zu vermitteln.

Aufgabentyp	Beschreibung
Einführend	Nach Lernschritten geordnete Aufgaben, die ins Leistungsziel einführen
Weiterführend	Nach Lernschritten geordnete Aufgaben, die der Festigung und Automatisierung dienen
Kontrollfragen	Wissensfragen, welche mithilfe des Theorieteils selbstständig gelöst werden können (mit Lösungen)
Zusatz	Nach Lernschritten geordnete Zusatzaufgaben (mit Lösungen), welche der Repetition, der individuellen Förderung und dem differenzierten Unterricht dienen

Kontrollfragen und Zusatzaufgaben stehen digital zur Verfügung und können selbstständig gelöst sowie kontrolliert werden.

Begleitmaterialien

Im Bundle sind vielfältige digitale Begleitmaterialien inklusive: Mit dem Enhanced Book steht beispielsweise das gesamte Lehrmittel digital mit diversen Zusatzfunktionen und Hilfsmitteln zur Verfügung. Die Begleitmaterialien können mit beiliegendem Lizenzschlüssel unter **bookshelf.verlagskv.ch** aktiviert werden.

Lernortkooperation

Der konsequente Aufbau des Lehrmittels nach den schulischen Leistungszielen gemäss Bildungsplan ermöglicht eine direkte Verknüpfung mit den betrieblichen Leistungszielen. Das Enhanced Book kann als Plattform für eine aktive Lernortkooperation dienen. Es ermöglicht, z.B. in den Überbetrieblichen Kursen (ÜK) auf dem Schulstoff aufbauend die betrieblichen Leistungsziele zu vertiefen und mit Beispielen aus Branche und Betrieb anzureichern. Umgekehrt kann in der Schule das im ÜK erworbene praktische Wissen direkt einfliessen.

Aktualisierung der Inhalte

Das Lehrmittel wird regelmässig überarbeitet und weiterentwickelt. Neuerungen respektive Änderungen in Bezug auf die Inhalte oder die Rahmenbedingungen werden dabei berücksichtigt. Rückmeldungen zum Lehrmittel fliessen mit ein.

Inhaltsübersicht

Theorie und Aufgaben

Finanzwirtschaftliche Zusammenhänge

7	Fremde Währungen	1
8	Buchhaltung des Warenhandelsbetriebs	13
9	Mehrwertsteuer	55
10	Warenkalkulation	81

Betriebswirtschaftliche Zusammenhänge

9	Finanzierung und Kapitalanlage	103

Recht und Staat

12	Umgang mit Geld und Verschuldung	141
13	Familienrecht	151
14	Erbrecht	173
	Stichwortverzeichnis	IX

7 Finanzwirtschaftliche Zusammenhänge
Fremde Währungen

Inhaltsverzeichnis

		Theorie	Aufgaben
7.1	Wechselkurs	2	7
7.2	Mit Wechselkursen rechnen	4	9

Leistungsziele   6

7 Fremde Währungen

Einführungsfall

Oliver Freiermuth möchte nach Mallorca in die Sommerferien verreisen. Er will deshalb am Bancomaten von seinem Bankkonto für 500 Schweizer Franken Euros holen. Er fragt sich nun, wie viele Euros er beziehen kann, damit ihn die Bank mit etwa CHF 500 belastet. Beim Eingang zur Bank kann er auf einem Display verschiedene Wechselkursangaben zum Euro ersehen: Notenankauf 1.1020, Notenverkauf 1.1701, Devisenankauf 1.1156, Devisenverkauf 1.1564.
Welchen der angegebenen Kurse muss er zum Umrechnen verwenden? Wie muss er rechnen, um den Betrag in Euro zu erhalten? Wie viele ganze Euros erhält er?

7.1 Wechselkurs

Viele Unternehmen importieren und/oder exportieren Waren und Dienstleistungen. Der Zahlungsverkehr läuft dabei in Bargeld oder per Banküberweisungen in einheimischer und **fremder Währung**. Die Banken berechnen die Zahlungsbeträge anhand ständig aktualisierter **Wechselkurse**, der Tageskurse. Die Wechselkurse werden in der Schweiz je nach ihrer relativen Stärke zum Franken in 1 Einheit oder 100 Einheiten angegeben. 1 Einheit gilt z. B. für Dollar, Pfund, Euro und Rand. Alle übrigen Kursangaben beziehen sich normalerweise auf 100 Einheiten Fremdwährung.

Merke

Der Kurs ist der Preis in einheimischer Währung für 1 Einheit oder 100 Einheiten Fremdwährung.

Kurstabelle mit gängigen Währungen (Kurse vom 5. März 2021)

Land	Währung	ISO	Einheit	Noten		Devisen	
				Ankauf	Verkauf	Ankauf	Verkauf
Europäische Währungsunion	Euro	EUR	1	1.0766	1.1429	1.0899	1.1296
Grossbritannien	Pfund	GBP	1	1.2139	1.3572	1.2640	1.3070
Schweden	Kronen	SEK	100	10.2620	11.5334	10.6973	11.0932
Dänemark	Kronen	DKK	100	14.1617	15.6675	14.6521	15.1735
Norwegen	Kronen	NOK	100	10.3153	11.4278	10.6736	11.0686
USA	Dollar	USD	1	0.8930	0.9695	0.9148	0.9466
Japan	Yen	JPY	100	0.8121	0.9076	0.8456	0.8741
Kanada	Dollar	CAD	1	0.7044	0.7640	0.7212	0.7471
Australien	Dollar	AUD	1	0.6736	0.7536	0.7007	0.7265
Neuseeland	Dollar	NZD	1	0.6246	0.7060	0.6532	0.6773
Südafrika	Rand	ZAR	1	0.0574	0.0636	0.0591	0.0619
Hongkong	Dollar	HKD	1	0.1108	0.1290	0.1171	0.1226

Quelle: St. Galler Kantonalbank

Finanzwirtschaftliche Zusammenhänge

Standardisierte Währungsabkürzungen

Die International Organization for Standardization (ISO) ist eine Institution, die internationale Standards definiert, hier für die Abkürzung der Währungen. Die **Währungs-ISO-Abkürzungen** umfassen drei Buchstaben. Die ersten beiden stehen für das Land und der dritte für den Anfangsbuchstaben der Währung (z.B. USD: US für USA und D für Dollar).

Notenkurs

Immer, wenn die **Fremdwährung** (FW) von der Bank in **bar** (Noten oder Münzen) ausbezahlt oder eingenommen wird, rechnet sie mit dem Notenkurs.

Devisenkurs

Immer, wenn die Bank eine Transaktion in **Fremdwährung als Buchgeld** abwickelt, rechnet sie mit dem Devisenkurs. Das ist der Fall bei Überweisungen, Checks, Bankkarten-, Maestro- und Kreditkartenzahlungen.

Ankaufs- oder Verkaufskurs

Ankauf und Verkauf sind immer aus der Sicht der Bank zu betrachten. Sie kauft die Fremdwährung von den Kunden zum tieferen Ankaufskurs ein und verkauft sie an ihre Kunden zum höheren Verkaufskurs. Beim bargeldlosen Zahlungsverkehr gilt: Immer, wenn die Bank CHF gutschreibt («einkauft»), macht sie das zum tieferen Ankaufskurs, und wenn sie CHF belastet («verkauft»), zum höheren Verkaufskurs.

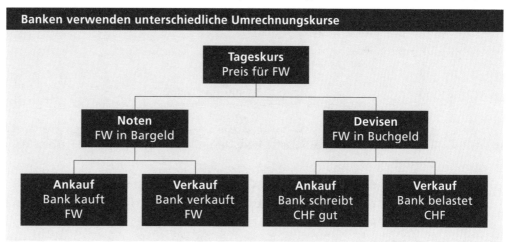

Banken verwenden unterschiedliche Umrechnungskurse

Beispiel Mit welchem Kurs rechnet die Raiffeisenbank in Bern?

a) Laura Hofmann will in die Ferien nach Österreich verreisen. Sie wechselt am Bankschalter CHF 800 in Euros um.

Noten-Verkauf (Euros in bar – Bank verkauft Euros.)

b) Nach den Ferien in Österreich hat Laura noch ein paar Euros übrig, die sie am Bankschalter wieder in CHF umtauscht.

Noten-Ankauf (Euros in bar – Bank kauft Euros.)

c) Ein Lieferant aus Deutschland schickt Waren auf Kredit. Bezahlung der Rechnung in Euro per Banküberweisung.

Devisen-Verkauf (Euros in Buchgeld – Bank belastet CHF.)

d) Ein Kunde aus Frankreich überweist seinen geschuldeten Rechnungsbetrag in Euro aufs Bankkonto in der Schweiz.

Devisen-Ankauf (Euros in Buchgeld – Bank schreibt CHF gut.)

A E-Aufgaben 1 und 2, W-Aufgabe 3

7.2 Mit Wechselkursen rechnen

7.2.1 Umrechnung eines Fremdwährungsbetrags (FWB) in Schweizer Franken

Die Umrechnung eines Fremdwährungsbetrags in Schweizer Franken ist eine Dreisatzrechnung mit der fehlenden Grösse in CHF.

$$\text{Betrag in CHF} = \frac{\text{Kurs} \times \text{FWB}}{100 \text{ oder } 1 \text{ FW}}$$

Beispiel Ein schweizerischer Geschäftsmann lässt durch die Bank AUD 800 nach Australien überweisen. Welchen Betrag in CHF wird ihm die Bank belasten? Devisen-Verkaufskurs: 0.7500

AUD 1 = CHF 0.7500

$$\text{AUD } 800 = \frac{\text{CHF } 0.7500 \times \text{AUD } 800}{\text{AUD } 1} = \text{CHF } 600.00$$

Die Bank belastet dem Geschäftsmann CHF 600.00.

Ein schweizerischer Geschäftsmann lässt durch die Bank DKK 4000 nach Dänemark überweisen. Welchen Betrag in CHF wird ihm die Bank belasten? Devisen-Verkaufskurs: 14.80

DKK 100 = CHF 14.80

$$\text{DKK } 4000 = \frac{\text{CHF } 14.80 \times \text{DKK } 4000}{\text{DKK } 100} = \text{CHF } 592.00$$

Die Bank belastet dem Geschäftsmann CHF 592.00.

7.2.2 Umrechnung eines Schweizer-Franken-Betrags (CHFB) in Fremdwährung

Die Umrechnung von Schweizer Franken in eine fremde Währung ist ebenfalls eine Dreisatzrechnung mit der fehlenden Grösse in Fremdwährung.

$$\text{Fremdwährungsbetrag} = \frac{\text{CHFB} \times 100 \text{ oder } 1 \text{ FW}}{\text{Kurs}}$$

Beispiel Ein Ferienreisender wechselt CHF 300 und bezieht dafür Euros in Bargeld. Wie viele Euros werden ihm ausbezahlt? Noten-Verkaufskurs: 1.1701

CHF 1.1701 = EUR 1

$$\text{CHF 300} = \frac{\text{CHF 300} \times \text{EUR 1}}{\text{CHF 1.1701}} = \text{EUR 256.40}$$

Da beim Geldwechsel bei einer Bank nur Noten in fremder Währung abgegeben werden, wird der Ferienreisende EUR 250 erhalten und dafür CHF 292.55 bezahlen.

Beispiel Eine Ferienreisende wechselt CHF 1800 und bezieht dafür schwedische Kronen in Bargeld. Wie viele schwedische Kronen werden ihr ausbezahlt, wenn die Bank über keine kleineren SEK-Noten als Fünfziger verfügt? Noten-Verkaufskurs: 11.5334

CHF 11.5334 = SEK 100

$$\text{CHF 1800} = \frac{\text{CHF 1800} \times \text{SEK 100}}{\text{CHF 11.5334}} = \text{SEK 15 606.85}$$

Der Ferienreisenden werden SEK 15 600 für CHF 1799.20 ausbezahlt.

Merke
- Ausschlaggebend für die Wahl des Wechselkurses ist immer die fremde Währung.
- Befindet sich der Standort der Bank im Ausland, so gilt der Schweizer Franken als fremde Währung.

Lösung Einführungsfall Oliver Freiermuth wird mit dem Noten-Verkaufskurs von 1.1701 rechnen müssen, denn die Bank verkauft ihm in bar Euros für CHF 500 und rechnet wie folgt:

CHF 1.1701 = EUR 1

$$\text{CHF 500} = \frac{\text{CHF 500} \times \text{EUR 1}}{\text{CHF 1.1701}} = \text{EUR 427.31}$$

Da die Banken nur Noten, das heisst keine Münzen, in fremder Währung ausgeben, wird er EUR 420 erhalten und dafür mit CHF 491.45 belastet.

A E-Aufgaben 4 bis 6, W-Aufgaben 7 bis 9

Fremde Währungen

Leistungsziele

1.5.1.4 Fremdwährungen

- Ich beschreibe den Unterschied zwischen dem Noten- und Devisenkurs.
- Ich berechne für den An- und Verkauf von fremden Währungen die Beträge gemäss aktuellen Kursen.

E 7.1 Wechselkurs

1. Kurs bei unterschiedlicher Zahlung bestimmen

Petra Kündig profitiert von einer Hotelaktion in London. Sie bucht drei Übernachtungen für zwei Personen mit englischem Frühstück im Hotel Crown für pauschal 400 britische Pfund. Sie hat die Wahl, die 400 Pfund entweder auf das Bankkonto des Hotels zu überweisen oder die Rechnung bei ihrer Ankunft in bar zu begleichen.

Die Kurse für britische Pfund findet sie im Internet wie folgt:

Noten		Devisen	
Ankauf	Verkauf	Ankauf	Verkauf
1.2218	1.3661	1.2744	1.3134

a) Wie lautet die internationale Abkürzung für britische Pfund und wofür stehen die Buchstaben?

ISO-Abkürzung:

Erklärung:

b) Zu welchem Kurs erhält sie die GBP 400, wenn sie diese am Bankschalter kauft? Begründen Sie Ihre Antwort.

Kurs:

Begründung:

c) Mit welchem Kurs rechnet die Bank, wenn Petra Kündig die GBP 400 überweisen lässt? Begründen Sie Ihre Antwort.

Kurs:

Begründung:

Fremde Währungen

2. Wahl des richtigen Tageskurses

Kreuzen Sie den jeweils angewendeten Kurs an (A = Ankaufkurs / V = Verkaufskurs).

Tageskurs	Noten		Devisen	
	A	V	A	V
a) Ein Reisender kauft in Bern für einen USA-Urlaub USD in bar im Wert von CHF 1200.	☐	☐	☐	☐
b) In den USA löst der Reisende Reisechecks im Wert von CHF 200 ein.	☐	☐	☐	☐
c) Der Reisende verwendet in den USA auch seine Kreditkarte. Die Bank schickt ihm dafür eine Belastungsanzeige von CHF 547.55.	☐	☐	☐	☐
d) Zurück aus den USA verfügt der Reisende noch über USD 300 in bar. Er lässt sich den Gegenwert bei seiner Bank auf dem Konto gutschreiben.	☐	☐	☐	☐
e) Der Werkzeugmaschinenhersteller Strongtool AG erhält von seinem Kunden aus Taiwan USD 520 000 überwiesen.	☐	☐	☐	☐
f) Cindy Keller kauft für ihre Ferien in Dänemark am Flughafen Zürich DKK 5000.	☐	☐	☐	☐
g) Die Sporty AG überweist EUR 12 000 an Hike Sports in Finnland.	☐	☐	☐	☐
h) Felix Neuenschwander verbringt ein verlängertes Wochenende in Frankreich. Er tauscht am Bankschalter in Paris CHF 500 Bargeld in Euro um.	☐	☐	☐	☐

W 7.1 Wechselkurs

3. Ergänzen Sie bei der folgenden Wechselkurstabelle die fehlenden Bezeichnungen, ISO-Abkürzungen oder Einheiten.

Bezeichnung	ISO	Einheit	Ankauf	Verkauf
Euro		1	1.1079	1.1534
	USD	1	0.9738	1.0041
Kanadische Dollar		1	0.7368	0.7632
Dänische Kronen	DKK		14.3701	14.8001
Pfund Sterling		1	1.2444	1.2934
Japanische Yen		100	0.9174	0.9451
	NOK	100	11.3915	11.7495
Neuseeländische Dollar		1	0.6780	0.7030
Schwedische Kronen		100	11.2387	11.5915
	ZAR	1	0.0674	0.0703

E 7.2 Mit Wechselkursen rechnen

4. Umrechnung von fremder Währung in Schweizer Franken

a) Ein österreichischer Tourist wechselt in Basel EUR 500 in CHF um. Wie viele Schweizer Franken erhält er, wenn mit dem Kurs 1.09 gerechnet wird?

b) Ein schwedischer Tourist wechselt in Zürich SEK 7000 in CHF um. Wie viele Schweizer Franken erhält er, wenn mit dem Kurs 11.40 gerechnet wird?

5. Umrechnung von Schweizer Franken in fremde Währung

a) Peter Berger kauft bei einer Bank in Bern EUR im Wert von CHF 1400 zum Kurs 1.10. Wie vielen Euros entspricht dieser Betrag? Wie viele Euros werden dem Kunden effektiv ausbezahlt?

b) Manfred Risse kauft bei einer Bank in Olten japanische Yen (JPY) im Wert von CHF 1200 zum Kurs von 0.93. Wie vielen japanischen Yen entspricht dieser Betrag?

6. Umrechnungen aufgrund der Kursliste

Für die folgenden Berechnungen sind die Kurse gemäss Kursliste von Aufgabe 3 zu verwenden.

a) Ein schweizerisches Unternehmen beauftragt die Bank, USD 15 000 an einen Lieferanten in Boston zu überweisen. Mit welchem Betrag wird sein Bankkonto belastet?

Fremde Währungen

b) Ein Schweizer Unternehmer zahlt in Kopenhagen seine Hotelrechnung, die auf DKK 12 598 lautet, mit seiner PostFinance Card. Berechnen Sie den Betrag in CHF.

c) Welchen Betrag in Euro muss ein Uhrenhändler von einem deutschen Touristen für eine Rolex im Wert von CHF 7800 verlangen?

W 7.2 Mit Wechselkursen rechnen

7. Diverse Berechnungen

a) Rudolf Fahrni wechselt nach einem Australienurlaub seine restlichen Dollar in der Höhe von AUD 440 am Bahnhof in Bern wieder in CHF zurück. Die Wechselstube rechnet mit einem Kurs von 0.69 und belastet Spesen von CHF 12. Wie viele Schweizer Franken erhält er ausbezahlt?

b) Laura Hofer braucht norwegische Kronen (NOK) in bar für ihre Frühlingsferien in Oslo. Die Wechselstube in Basel rechnet mit einem Kurs von 12.16 und belastet CHF 10 Spesen. Wie viele norwegische Kronen erhält sie, wenn sie der Wechselstube CHF 2000 übergibt (kleinste norwegische Banknote 50 NOK)? Wie viele CHF erhält sie zurück?

c) Die Firma Volvo, Göteborg (Schweden), überweist der Rémis Car AG in Duggingen SEK 44 100. Wie viele CHF schreibt die Raiffeisenbank Duggingen der Rémis Car AG dafür nach Abzug von CHF 30 Spesen gut? (Tageskurse SEK Noten: 10.75/12.08, Devisen 11.23/11.59)

d) Die FAST AG gibt ihrer Geschäftsbank in Bern den Auftrag, die beiden folgenden Überweisungen vorzunehmen: JPY 16 000 und EUR 3000. Mit welchem Betrag wird die FAST AG belastet, wenn die Bank für die Überweisungen 0,5% Spesen verrechnet. (Tageskurse: Yen 0.8696/0.9120, Euro 1.1187/1.1520)

8. Berechnungen für die Ferienreise

Peter Auchter wechselt im Anschluss an eine Ferienreise nach Griechenland in Basel die nicht verbrauchten EUR 250 am Bankschalter in Schweizer Franken zurück und kauft gleichzeitig GBP 300 (britische Pfund).

Es gelten folgende Kurse.

ISO	Ankauf	Verkauf
EUR	1.10	1.17
GBP	1.28	1.35

Wie viele Schweizer Franken muss Peter Auchter der Bank zusätzlich zu den EUR 250 noch bezahlen?

Fremde Währungen

9. Kurse auswählen und Fremdwährung in Schweizer Franken umrechnen

Verwenden Sie für die Berechnungen a) bis c) die folgenden Kurse.

ISO	Einheiten	Noten		Devisen	
		Ankauf	Verkauf	Ankauf	Verkauf
EUR	1	1.10	1.16	1.11	1.14
NOK	100	11.02	12.88	11.56	11.98

a) Die GARBA AG schuldet K. Merkel, Berlin, EUR 7200. Sie zieht 2% Skonto ab und überweist den Restbetrag durch die Bank an ihn. Welchen Betrag in CHF belastet die Bank der GARBA AG für diese Überweisung?

b) Die GARBA AG schickt einen Vertreter nach Berlin und beauftragt die Hausbank, ihm EUR 800 in bar auszuzahlen und dem Kontokorrentkonto zu belasten. Welchen Betrag wird die Bank belasten?

c) Die BILLA AG schuldet A. Huqvist, Oslo, NOK 17 400. Sie zieht 10% Rabatt und 2% Skonto ab und überweist den Restbetrag durch die Bank an ihn. Welchen Betrag in CHF belastet die Bank der BILLA AG für diese Überweisung?

8 Finanzwirtschaftliche Zusammenhänge
Buchhaltung des Warenhandelsbetriebs

Inhaltsverzeichnis

		Theorie	Aufgaben
8.1	Handel mit Waren als Geschäftszweck	14	29
8.2	Wareneinkauf	16	32
8.3	Warenverkauf	22	37
8.4	Zweistufige Erfolgsermittlung	25	47

Leistungsziele	28

8 Buchhaltung des Warenhandelsbetriebs

8.1 Handel mit Waren als Geschäftszweck

Einführungsfall

> Sabina Wirz besichtigt in den Ferien eine Lederfabrik in Süditalien. Anlässlich dieser Betriebsbesichtigung, die vom Reiseveranstalter durchgeführt wird, kann auch im Fabrikladen eingekauft werden. Zu ihrer Freude sieht sie eine braune Handtasche für umgerechnet CHF 55, die sie sich immer gewünscht hat, welche aber in der Schweiz im Warenhaus CHF 110 kostet.
> Sie kauft die Tasche und fragt sich, wie diese grosse Preisdifferenz zustande kommt und ob sie wohl gerechtfertigt ist.

Ein Fabrikationsbetrieb (je nach Herstellungsverfahren auch Industrie- oder Handwerksbetrieb genannt) stellt Güter her und verkauft diese an Händler oder direkt an Konsumenten.

Ein **Handelsbetrieb** hingegen produziert nicht selbst, sondern kauft Waren von Lieferanten, Produzenten oder Zwischenhändlern ein, lässt diese ins Lager transportieren und verkauft sie weiter an die Kunden. Dabei entstehen Kosten, welche durch die Differenz zwischen Einkaufs- und Verkaufspreis gedeckt werden müssen. Die Kosten für den Transport der Ware vom Lieferanten ins Warenlager, für Versicherung und Verzollung nennt man in der Buchhaltung **Bezugskosten**. Die allgemeinen Betriebskosten wie Löhne für das Personal, Miete für Büro und Lager, Werbekosten und Büromaterial bezeichnet man als **Gemeinkosten**. Aber nicht nur diese Kosten müssen gedeckt werden: Um längerfristig überleben zu können, muss jedes Unternehmen auch Gewinn machen.

Der Verkaufspreis muss also angemessen höher sein als der Einkaufspreis. Diese Differenz nennt man **Bruttogewinn**. Zieht man vom Bruttogewinn noch die Gemeinkosten ab, erhält man den **Reingewinn** (auch Betriebsgewinn genannt). Es ist üblich, die Bezugskosten zum Einkaufspreis dazuzurechnen; damit erhält man den sogenannten **Einstandswert (EW)**. Der Einstandswert gibt an, wie hoch die Kosten der transportierten, versicherten und eventuell verzollten Ware **vom Hersteller bis ins Lager** sind.

Statt «Verkaufspreis» oder «Verkaufserlös» wird präziser der Begriff «**Nettoerlös**» verwendet. Gemeint ist damit derjenige Betrag, welcher dem Unternehmen nach Abzug von Rabatt und Skonto effektiv bleibt, um die Kosten zu decken und Gewinn zu erzielen.

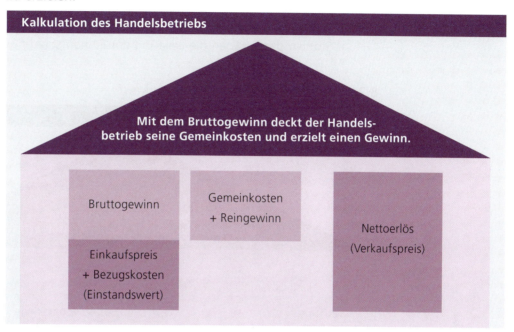

→ Kapitel 10   Die Warenbuchhaltung hat nun die Aufgabe, die Konten für den Einkauf, das Warenlager und den Verkauf zu führen und in Bilanz und Erfolgsrechnung auszuweisen, ob sich der Handel gelohnt hat. Damit liefert die Warenbuchhaltung auch die Grundlage für die Bestimmung der Verkaufspreise, welche im Kapitel 10 (Warenkalkulation) behandelt wird.

Lösung Einführungsfall   Die Tasche kostet in der Schweiz im Warenhaus doppelt so viel wie im Fabrikladen in Italien. Dies entspricht einem Bruttogewinn von 100 %. Das ist nicht übertrieben viel, muss doch die Tasche in die Schweiz transportiert, gelagert, ausgestellt und beworben werden. Beim Import aus dem Ausland ist auch das Währungsrisiko einzukalkulieren. Das Warenhaus muss ausserdem «etwas verdienen», das heisst einen angemessenen Gewinn machen. Die Höhe des Bruttogewinns ist angemessen.

A   E-Aufgaben 1 und 2, W-Aufgaben 3 und 4

8.2 Wareneinkauf

Einführungsfall | Pia Hauser ist Einkaufschefin des Warenhauses am Marktplatz und somit verantwortlich dafür, dass gute Ware zu vernünftigen Preisen bei zuverlässigen Lieferanten eingekauft wird. Welche Informationen, die sie für ihre Arbeit braucht, kann ihr die Buchhalterin liefern? Mit welchen Kenngrössen kontrolliert André Hugentobler, der Inhaber, die Leistung der Einkaufschefin?

8.2.1 Verbuchen des Wareneinkaufs

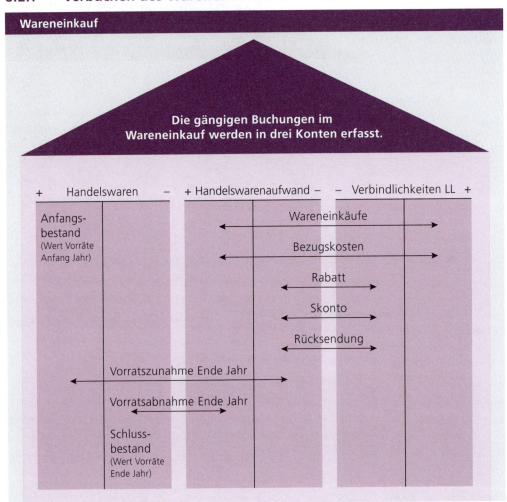

Art. 189 OR | Wareneinkäufe werden im Konto «**Handelswarenaufwand**» (abgekürzt «**Warenaufwand**») im Soll gebucht. Wenn nichts anderes vereinbart ist, gehen die **Bezugskosten** zulasten des Käufers und werden ebenfalls als Warenaufwand im Soll verbucht.

Vom Lieferanten nachträglich gewährte Rabatte, Rücksendungen von Waren und ein allfälliger Skontoabzug (Abzug für Zahlung innert einer bestimmten Frist, meistens 10 Tage) senken den Einstandswert und werden deshalb im gleichen Konto als **Aufwandsminderung** auf der Habenseite gebucht. Das Gegenkonto ist «Verbindlichkeiten aus Lieferungen und Leistungen», weil in der Regel auf Rechnung bestellt und geliefert wird. Bezugskosten werden manchmal bar bezahlt; dann lautet das Gegenkonto «Kasse».

Zusätzlich wird das Bestandeskonto «**Handelswaren**» (oder «Warenvorrat») als sogenannt **ruhendes Konto** geführt. «Ruhend» bedeutet hier, dass während des Geschäftsjahres auf dem Aktivkonto «Handelswaren» nichts gebucht wird. Da davon ausgegangen wird, dass die eingekaufte Ware laufend wieder verkauft wird, wird diese beim Kauf bereits als Aufwand verbucht. Entsprechend wird die Zu- bzw. Abnahme des Vorrats nur Ende Jahr mit einer einzigen Buchung erfasst. Diese Buchung nennt man die **Bestandeskorrektur** des Warenvorrats.

Beispiel Das Sportgeschäft Hug AG kauft Rollbretter bei einem Schweizer Fabrikanten. Folgende Buchungstatsachen werden dabei verbucht und in den Konten «Handelswarenaufwand», «Verbindlichkeiten LL», «Handelswaren» und «Bankguthaben» eingetragen:

Buchungen während des Jahres

Nr.	Text	Soll	Haben	Betrag
1	Eröffnung der Bestandeskonten:			
	Anfangsbestand 20 Rollbretter à CHF 250 (Wert CHF 5000)	Handelswaren	Bilanz	5 000
	Anfangsbestand Verbindlichkeiten LL	Bilanz	Verbindlichkeiten LL	12 000
2	Einkauf von 125 Rollbrettern à CHF 250/Stück auf Rechnung	Handelswarenaufwand	Verbindlichkeiten LL	31 250
3	Rechnung Spidag für Transport	Handelswarenaufwand	Verbindlichkeiten LL	2 400
4	Rücksendung von zwei defekten Brettern	Verbindlichkeiten LL	Handelswarenaufwand	500
5	Nachträglich durch Lieferant gewährter Rabatt von CHF 1500	Verbindlichkeiten LL	Handelswarenaufwand	1 500
6	Bezahlung der Rechnung des Lieferanten unter Abzug von 2% Skonto durch Banküberweisung	Verbindlichkeiten LL	Handelswarenaufwand	585
		Verbindlichkeiten LL	Bankguthaben	28 665

S Handelswaren H	S Handelswarenaufwand H	S Verbindlichkeiten LL H
1) AB 5000	2) 31 250	1) AB 12 000
	3) 2 400	2) 31 250
	4) 500	3) 2 400
	5) 1 500	4) 500
	6) 585	5) 1 500
		6) 585
		6) 28 665

Neben der Eröffnung der Bestandeskonten «Verbindlichkeiten LL» und «Handelswaren» sind dies typische Buchungen im Wareneinkauf während des Jahres. Ende Jahr wird Inventar gemacht – es wird gezählt und berechnet, wie viel noch an Lager ist und wie hoch der Wert dieser Vorräte ist. Sofern dies nicht gleich viel ist wie Anfang Jahr, wird die Zu- oder Abnahme des Warenvorrats gebucht.

Buchhaltung des Warenhandelsbetriebs

8.2.2 Wareneinkauf mit Zunahme des Warenvorrats

Ist der Warenvorrat Ende Jahr höher als am Anfang, bedeutet das, dass mehr Ware eingekauft wurde als verkauft. Der um die Zunahme zu viel gebuchte Aufwand muss zurückgebucht werden.

Beispiel Buchungen am Jahresende bei Vorratszunahme

Nr.	Text	Soll	Haben	Betrag
7	Vorrat gemäss Inventar: 44 Rollbretter à CHF 250 (Wert CHF 11 000) Verbuchung der **Vorratszunahme** von 24 Stück à CHF 250	Handelswaren	Handelswaren- aufwand	6 000
8	Abschluss Handelswaren	Bilanz	Handelswaren	11 000
	Abschluss Handelswarenaufwand	Erfolgsrechnung	Handelswaren- aufwand	25 065
	Abschluss Verbindlichkeiten LL	Verbindlichkeiten LL	Bilanz	14 400

S	Handelswaren	H
1) AB	5 000	
7)	6 000	
	S_Bi 11 000	
	11 000	11 000

S	Handelswaren- aufwand	H
2)	31 250	
3)	2 400	
4)	500	
5)	1 500	
6)	585	
7)	6 000	
	S_ER 25 065	
	33 650	33 650

S	Verbindlichkeiten LL	H
		1) AB 12 000
		2) 31 250
		3) 2 400
4)	500	
5)	1 500	
6)	585	
6)	28 665	
	S_Bi 14 400	
	45 650	45 650

Vorratszunahme

Es wurden für CHF 6000 Rollbretter gekauft, die im laufenden Jahr nicht verkauft werden konnten. Der Vorrat hat im Wert von CHF 6000 zugenommen.
Da diese Rollbretter beim Kauf als Aufwand der laufenden Periode erfasst wurden, muss der Handelswarenaufwand im Haben entsprechend vermindert werden.

Finanzwirtschaftliche Zusammenhänge

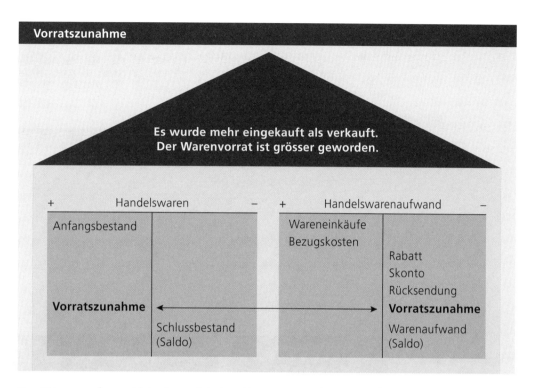

Der Warenaufwand ist eine wichtige Kenngrösse des Warenhandels:

Kenngrösse	Frage	Ermittlung Kenngrösse
Einstandswert der verkauften Ware = Warenaufwand	Was hat die Ware gekostet, welche das Handelsunternehmen im Rechnungsjahr verkauft hat?	Saldo des Kontos «Handelswarenaufwand» **nach** der Bestandeskorrektur (= Saldo, der in die Erfolgsrechnung übertragen wird).

Beispiel Der Warenaufwand des Sportgeschäfts Hug AG für die verkauften Rollbretter beträgt CHF **25 065**.

Buchhaltung des Warenhandelsbetriebs

8.2.3 Wareneinkauf mit Abnahme des Warenvorrats

Ist der Warenvorrat Ende Jahr kleiner als am Anfang, bedeutet das, dass weniger Ware eingekauft wurde als verkauft. Der um die Abnahme zu wenig gebuchte Aufwand muss nachgebucht werden.

Beispiel Buchungen am Jahresende bei Vorratsabnahme

Nr.	Text	Soll	Haben	Betrag
7	Vorrat gemäss Inventar: 16 Rollbretter à CHF 250 (Wert CHF 4000) Verbuchung der **Vorratsabnahme** von 4 Stück à CHF 250	Handelswarenaufwand	Handelswaren	1 000
8	Abschluss Handelswaren	Bilanz	Handelswaren	4 000
	Abschluss Handelswarenaufwand	Erfolgsrechnung	Handelswarenaufwand	32 065
	Abschluss Verbindlichkeiten LL	Verbindlichkeiten LL	Bilanz	14 400

S	Handelswaren	H		S	Handelswarenaufwand	H		S	Verbindlichkeiten LL	H
1) AB	5 000									1) AB 12 000
				2)	31 250					2) 31 250
				3)	2 400					3) 2 400
						4) 500	4)	500		
						5) 1 500	5)	1 500		
						6) 585	6)	585		
							6)	28 665		
		7) 1 000		7)	1 000					
		↑Vorratsabnahme↑								
		S$_{Bi}$ 4 000			S$_{ER}$ 32 065				S$_{Bi}$ 14 400	
5 000		5 000		34 650		34 650		45 650		45 650

Es wurden für CHF 1000 zusätzliche Rollbretter aus dem Lager geholt, weil mehr verkauft als eingekauft wurde. Der Vorrat hat um CHF 1000 abgenommen. Da diese Rollbretter noch nicht im Aufwand der laufenden Rechnungsperiode erfasst sind, muss zudem der Handelswarenaufwand im Soll entsprechend erhöht werden.

Finanzwirtschaftliche Zusammenhänge

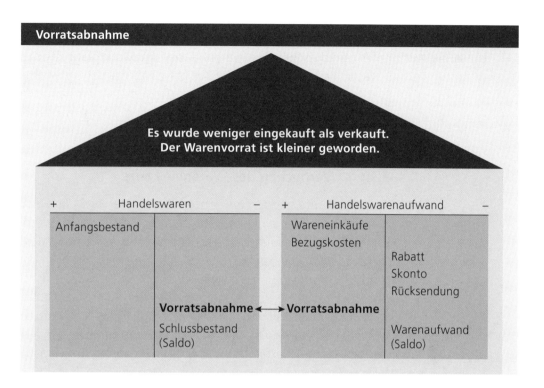

Merke Typische Buchungssätze Wareneinkauf*

Buchungstatsache	Soll	Haben
Wareneinkauf auf Rechnung	Handelswarenaufwand	Verbindlichkeiten LL
Rücksendung, Rabatt, Skonto	Verbindlichkeiten LL	Handelswarenaufwand
Bezugskosten auf Rechnung	Handelswarenaufwand	Verbindlichkeiten LL
Bezugskosten bar bezahlt	Handelswarenaufwand	Kasse
Vorratszunahme	Handelswaren	Handelswarenaufwand
Vorratsabnahme	Handelswarenaufwand	Handelswaren
Abschluss Konto «Handelswarenaufwand»	Erfolgsrechnung	Handelswarenaufwand
Abschluss Konto «Handelswaren»	Bilanz	Handelswaren

* In Fabrikationsbetrieben wird analog in den Konten «Materialaufwand» und «Rohstoffe» gebucht.

Lösung Einführungsfall Die Warenbuchhaltung gibt Pia Hauser z.B. an, für wie viele Schweizer Franken Waren eingekauft wurden, wie hoch die Bezugsspesen waren, wie hoch die Veränderung des Warenvorrats in Franken ist. Der Einstandswert der verkauften Ware (Warenaufwand) ist eine wichtige Kenngrösse für die Preiskalkulation – sie liegt in der Verantwortung der Einkaufschefin und ist für André Hugentobler, den Inhaber, ein Massstab für ihre Leistung.

A E-Aufgaben 5 bis 7, W-Aufgaben 8 und 9

Buchhaltung des Warenhandelsbetriebs

8.3 Warenverkauf

Einführungsfall

Als Verkaufschef des Warenhauses am Marktplatz ist Hans Pieri verantwortlich dafür, dass möglichst viele Artikel zu möglichst guten Preisen verkauft werden können, dass die Kunden nichts zu beanstanden haben und weiterhin hier einkaufen. Mit welchen Grössen kontrolliert André Hugentobler, der Inhaber, die Leistung des Verkaufschefs?

8.3.1 Verbuchen des Warenverkaufs

Warenverkäufe werden im Konto «**Handelserlöse**» im Haben gebucht. Wäre die Ware hingegen im eigenen Betrieb hergestellt worden, würde der Verkauf auf das Konto «Produktionserlöse» gebucht. Häufig nennt man das Konto für die Warenverkäufe auch «**Warenertrag**». Den Kunden nachträglich gewährte Rabatte, Rücksendungen von Waren und ein allfälliger Skontoabzug durch die Kunden senken den Ertrag und werden deshalb im gleichen Konto als **Ertragsminderung** auf der Sollseite gebucht. Wird die Ware nach Hause zugestellt, muss der Kunde im Normalfall die Transport- bzw. Versandkosten übernehmen, und das Ertragskonto wird nicht belastet. Übernimmt aber die Handelsfirma die Versandkosten, ist dies ebenfalls als Ertragsminderung im Soll zu buchen.

Art. 189 OR

Das Gegenkonto ist «Forderungen aus Lieferungen und Leistungen», wenn auf Rechnung bestellt und geliefert wird.

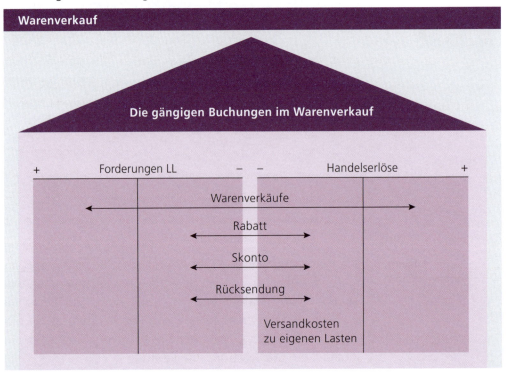

Finanzwirtschaftliche Zusammenhänge

Beispiel Das Sportgeschäft Hug AG verkauft seine Artikel im Verkaufsladen in der Innenstadt oder verschickt direkt an Kunden.

Nr.	Text	Soll	Haben	Betrag
1	Eröffnung des Bestandeskontos: Anfangsbestand Forderungen LL	Forderungen LL	Bilanz	10 000
2	Verkauf auf Rechnung von 10 Rollbrettern zum Spezialpreis von CHF 350/Stück an Sportschule Müller	Forderungen LL	Handelserlöse	3 500
3	Rücksendung von zwei defekten Rollbrettern durch den Kunden	Handelserlöse	Forderungen LL	700
4	Nachträglich dem Kunden gewährter Rabatt von CHF 50	Handelserlöse	Forderungen LL	50
5	Transport der Rollbretter zulasten der Hug AG, Barzahlung an Spediteur CHF 53	Handelserlöse	Kasse	53
6	Bezahlung der Rechnung durch die Sportschule unter Abzug von 2 % Skonto durch Banküberweisung	Handelserlöse	Forderungen LL	55
		Bankguthaben	Forderungen LL	2 695
7	Verkauf von 91 Rollbrettern im Laden zu CHF 395/Stück	Kasse	Handelserlöse	35 945
8	Abschluss Handelserlöse	Handelserlöse	Erfolgsrechnung	38 587
	Abschluss Forderungen LL	Bilanz	Forderungen LL	10 000

S	Forderungen LL		H
1) AB	10 000		
2)	3 500		
		3)	700
		4)	50
		6)	55
		6)	2 695
		S_{Bi}	10 000
	13 500		13 500

S	Handelserlöse		H
		2)	3 500
3)	700		
4)	50		
5)	53		
6)	55		
		7)	35 945
S_{ER}	38 587		
	39 445		39 445

Buchhaltung des Warenhandelsbetriebs

8.3.2 Nettoerlös

Aus dem Konto «Handelserlöse» kann jetzt eine weitere wichtige Kenngrösse abgelesen werden: der **Nettoerlös**, der auch **Verkaufswert der verkauften Ware** oder **Nettoumsatz** genannt wird. Er gibt an, wie viel Geld dem Handelsunternehmen netto nach Abzug aller Ertragsminderungen bleibt, um sämtliche Kosten (Einstandswert und Gemeinkosten) zu decken und einen Gewinn zu realisieren. Ist der Nettoerlös nicht hoch genug, um Einstand und Gemeinkosten zu decken, resultiert ein Verlust. Der **Nettoerlös** ist als **Saldo des Kontos «Handelserlöse»** einfach abzulesen.

Kenngrösse	Frage	Ermittlung Kenngrösse
Verkaufswert der verkauften Ware = Nettoerlös	Wie viel haben wir netto durch den Verkauf der Handelsware eingenommen?	Saldo des Kontos «Handelserlöse»

Beispiel Der Nettoerlös der Hug AG beträgt CHF **38 587**.

Lösung Einführungsfall Der Nettoerlös zeigt, wie viel dem Warenhaus am Marktplatz nach Abzug aller Ertragsminderungen übrig bleibt. Stimmen verkaufte Menge oder erzielte Preise nicht, wird auch der Nettoerlös nicht zufriedenstellend sein. Dafür ist der Verkaufschef verantwortlich. Mit diesen Grössen kann André Hugentobler die Leistung von Hans Pieri messen.

Merke Typische Buchungssätze Warenverkauf

Buchungstatsache	Soll	Haben
Warenverkauf auf Rechnung	Forderungen LL	Handelserlöse
Rücksendung, Rabatt, Skonto	Handelserlöse	Forderungen LL
Versandkosten zulasten des Käufers ▪ Barzahlung ▪ Rechnung	Forderungen LL Forderungen LL	Kasse Verbindlichkeiten LL
Versandkosten zulasten des Verkäufers ▪ Barzahlung ▪ Rechnung	Handelserlöse Handelserlöse	Kasse Verbindlichkeiten LL
Abschluss Konto «Handelserlöse»	Handelserlöse	Erfolgsrechnung

In der Warenbuchhaltung häufig verwendete Begriffe

Kenngrösse	Umschreibung	Ermittlung
Warenaufwand	Einstandswert der **verkauften** Ware	Saldo «Handelswarenaufwand»
Nettoerlös	**Verkaufswert** der verkauften Ware	Saldo «Handelserlöse»
Bruttogewinn	Differenz zwischen Einstands- und Verkaufswert zur Deckung der Gemeinkosten und eines angemessenen Gewinns	Saldo «Handelserlöse» – Saldo «Handelswarenaufwand»

A E-Aufgabe 10, W-Aufgaben 11 bis 19

8.4 Zweistufige Erfolgsermittlung

Einführungsfall

Wie gezeigt, sind Pia Hauser für den Einkauf, Hans Pieri für den Verkauf verantwortlich. Als Inhaber des Warenhauses am Marktplatz ist André Hugentobler für den Erfolg des gesamten Unternehmens verantwortlich. Wie schafft er sich einen detaillierten Überblick über das Gesamtergebnis?

→ 2. Semester 4.2

Im Kapitel 4 «Rechnungsabschluss und Kontenrahmen» wurde das Ergebnis der Unternehmenstätigkeit in einer einstufigen Erfolgsrechnung ermittelt.

Das folgende Beispiel zeigt noch einmal, wie aus dem Hauptbuch eine einstufige Erfolgsrechnung erstellt wird.

Beispiel Die Zahlen für die Kost AG, Haushaltsgeräte, im Jahr 20_1 lauten:

S	Handelswarenaufwand	H
625 000		10 000
48 000		41 700
		120 000
		S$_{ER}$ 501 300
673 000		673 000

S	Handelserlöse	H
15 800		70 000
2 060		718 900
1 400		
S$_{ER}$ 769 640		
788 900		788 900

S	Personalaufwand	H
71 000		
15 000		
		S$_{ER}$ 86 000
86 000		86 000

S	Raumaufwand	H
47 000		2 000
		S$_{ER}$ 45 000
47 000		47 000

S	Verwaltungsaufwand	H
45 000		
8 000		
		S$_{ER}$ 53 000
53 000		53 000

S	Sonstiger Betriebsaufwand	H
20 000		
10 000		
		S$_{ER}$ 30 000
30 000		30 000

S	Abschreibungen	H
8 000		
		S$_{ER}$ 8 000
8 000		8 000

S	Finanzaufwand	H
5 000		
		S$_{ER}$ 5 000
5 000		5 000

Einstufige Erfolgsrechnung

Aufwand	Erfolgsrechnung Kost AG 20_1		Ertrag
Handelswarenaufwand	501 300	Handelserlöse (Nettoerlös)	769 640
Personalaufwand	86 000		
Raumaufwand	45 000		
Verwaltungsaufwand	53 000		
Sonstiger Betriebsaufwand	30 000		
Abschreibungen	8 000		
Finanzaufwand	5 000		
Gewinn	41 340		
	769 640		769 640

Informativer ist eine **zweistufige Erfolgsrechnung**, welche auf einen Blick wichtige Teilergebnisse ausweist:
- auf der ersten Stufe das Ergebnis aus dem Verkauf von Waren – also die Differenz zwischen den Kosten der Beschaffung, dem Warenaufwand und den Nettoerlösen des Verkaufs, den **Bruttogewinn**;
- auf der zweiten Stufe das Gesamtergebnis des Warenhandelsunternehmens nach Abzug des Gemeinaufwands, das **Betriebsergebnis**.

Die zweistufige Erfolgsrechnung kann in zwei Darstellungsarten – in Kontenform oder in Berichtsform – erstellt werden.

Beispiel Zweistufige Erfolgsrechnung in Kontenform

Erfolgsrechnung Kost AG 20_1			
Aufwand	**1. Stufe**		**Ertrag**
Handelswarenaufwand	501 300	Handelserlöse	769 640
Bruttogewinn*	268 340		
	769 640		769 640

2. Stufe			
Personalaufwand	86 000	Bruttogewinn*	268 340
Raumaufwand	45 000		
Verwaltungsaufwand	53 000		
Sonstiger Betriebsaufwand	30 000		
Abschreibungen	8 000		
Finanzaufwand	5 000		
Betriebsgewinn	41 340		
	268 340		268 340

*Der Bruttogewinn, als Saldo der ersten Stufe, wird in der zweiten Stufe als um den Warenaufwand verminderter Ertrag erneut eingetragen.

Zweistufige Erfolgsrechnung in Berichtsform (Staffelform)

Erfolgsrechnung Kost AG 20_1		
Handelserlöse		769 640
./. Handelswarenaufwand		−501 300
Bruttogewinn		**268 340**
./. Personalaufwand	−86 000	
./. Raumaufwand	−45 000	
./. Verwaltungsaufwand	−53 000	
./. Sonstiger Betriebsaufwand	−30 000	
./. Abschreibungen	−8 000	
./. Finanzaufwand	−5 000	−227 000
Betriebsgewinn		**41 340**

Eine Erfolgsrechnung auf zwei Stufen zeigt also auf übersichtliche Weise die Kostenstruktur und wichtige Teilergebnisse: Erfolg Warenhandel (Bruttogewinn), Gemeinaufwand, Betriebsgewinn. Dies sind wichtige Informationen für die Leitung des Unternehmens.

In der Praxis wählt man die Darstellung in **Berichts-** bzw. **Staffelform**.

8.4.1 Bruttogewinn

Die auf der ersten Stufe ablesbare Kenngrösse **Bruttogewinn** liefert eine Antwort auf folgende Fragen:

Frage	Kenngrösse
Wie gross ist die Differenz zwischen dem Betrag, der für den Wareneinkauf ausgegeben wurde, und dem Betrag, der netto durch Warenverkauf eingenommen wurde?	Nettoerlös ./. Warenaufwand = **Bruttogewinn**
Reicht diese Differenz, um damit den Gemeinaufwand wie Löhne, Miete usw. zu finanzieren und auch einen Gewinn zu erzielen?	Bruttogewinn ./. Gemeinaufwand = **Betriebsgewinn**
Ist der Bruttogewinn tiefer als der Gemeinaufwand, resultiert ein Verlust.	Bruttogewinn ./. Gemeinaufwand = **Betriebsverlust**
Wie hoch ist der Bruttogewinn in Prozenten des Warenaufwands?	**Bruttogewinnzuschlag**

Beispiel Kost AG, Bruttogewinn 20_1

S	Warenaufwand		H		S	Warenertrag		H
	625 000		10 000			15 800		70 000
	48 000		41 700			2 060		718 900
			120 000			1 400		
			S_{ER} 501 300				S_{ER} 769 640	
			= **Warenaufwand**				= **Nettoerlös**	
	673 000		673 000			788 900		788 900

Bruttogewinn
769 640 − 501 300 = **268 340**

➔ **Kapitel 10** Der Bruttogewinn ist eine wichtige Grösse für die Kalkulation von Verkaufspreisen und für die Analyse des Erfolgs.

Buchhaltung des Warenhandelsbetriebs

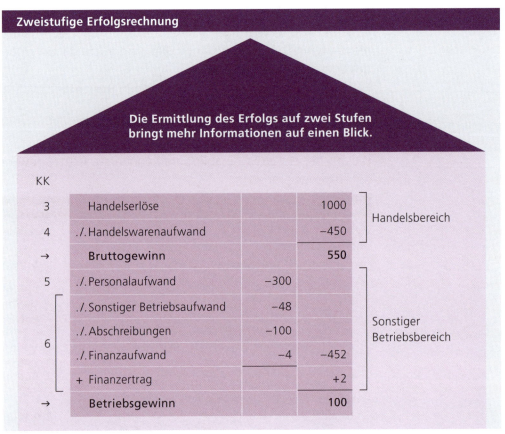

KK = Kontenklasse gemäss Kontenrahmen KMU

Lösung Einführungsfall Mit einer Erfolgsrechnung auf zwei Stufen schafft sich der Inhaber und Geschäftsleiter André Hugentobler einen klaren Überblick über die Ergebnisse der einzelnen Bereiche wie Einkauf, Verkauf und Gemeinkosten (auch als fixer Gemeinkostenblock bezeichnet). Je detaillierter die Aufstellung ist, desto genauer erkennt er, wo es gut läuft und wo Handlungsbedarf besteht.

A E-Aufgaben 20 und 21, W-Aufgaben 22 bis 25

Leistungsziele

1.5.1.2 Buchhaltung des Warenhandelsbetriebs

- Ich verbuche typische Geschäftsfälle des Warenhandels mit Rabatten, Skonti, Bezugskosten, Sonderverkaufskosten und MWST. Ich führe die Konten «Handelswarenaufwand», «Handelserlös» und «Vorrat Handelswaren» (als ruhendes Konto).
- Ich erkläre die folgenden Grössen und zeige deren Bedeutung für die Preisgestaltung auf:
  - Handelswarenaufwand
  - Nettoerlös
  - Bruttogewinn, Bruttogewinnzuschlag
  - Selbstkosten, Gemeinkosten, Reingewinn.
- Ich beschreibe den Aufbau einer Erfolgsrechnung eines Warenhandelsbetriebs mit den Grössen Bruttogewinn und Betriebserfolg. Ich erkläre die Ergebnisse.

Diese Leistungsziele werden mit den Kapiteln 8 und 10 abgedeckt.

E 8.1 Handel mit Waren als Geschäftszweck

1. Geschäftstätigkeit zuordnen

Ordnen Sie die folgenden Tätigkeiten dem 2. Sektor (Produktion, P) bzw. 3. Sektor (Dienstleistung, DL) zu. Kreuzen Sie an, in welchen Fällen die Dienstleistung «Warenhandel» bedeutet.

Tätigkeit	P	DL	Warenhandel
Die kaufmännische Berufsschule unterrichtet Lernende.	☐	☐	☐
Am Lehrmittelschalter verkauft die Schule diverse Lehrbücher.	☐	☐	☐
Der Schuhmacher repariert die Stiefel einer Kundin.	☐	☐	☐
Er verkauft ihr ausserdem einen Imprägnierungsspray.	☐	☐	☐
Der Treuhänder füllt für seine Kunden die Steuererklärung aus.	☐	☐	☐
Der Zahnarzt zieht Peter Schmutz einen Weisheitszahn.	☐	☐	☐
Der Zahntechniker fertigt einen neuen Stiftzahn an.	☐	☐	☐
Die Dentalhygienikerin gibt der Patientin eine spezielle Zahnseide mit und stellt sie in Rechnung.	☐	☐	☐
Amazon bietet im Internet unter anderem Bücher an.	☐	☐	☐
Im Shoppingcenter werden neben Lebensmitteln auch Kleider und Schuhe verkauft.	☐	☐	☐

2. Wichtige Schweizer Warenhandelsunternehmen kennen

Welche der nachfolgend genannten bekannten Unternehmen sind typische Handelsbetriebe? Kreuzen Sie diese an.

Unternehmen		Unternehmen	
Manor/Globus	☐	Emil Frey AG (Autoimporteur)	☐
Roche	☐	Panalpina (internationale Spedition und Logistik)	☐
UBS	☐	Media Markt	☐
Zalando	☐	Nestlé	☐
Migros/Coop	☐	Volg	☐
SBB	☐	Kiosk AG	☐

W 8.1 Handel mit Waren als Geschäftszweck

3. Bruttogewinn und Gemeinkosten bestimmen

Ein Weinhändler hat im Jahr 20_1 einen Nettoumsatz (= Nettoerlös) von CHF 378 000 erreicht. Für den Kauf dieser Ware hat er Rechnungen in der Höhe von CHF 121 200 erhalten und konnte dank pünktlicher Zahlungen CHF 780 Skonto geltend machen. Für den Transport in sein Lager und die Verzollung hat er CHF 5600 ausgegeben. Der Transport zum Kunden wurde diesem jeweils in Rechnung gestellt.

a) Wie hoch war der Einstandswert der verkauften Weine in CHF?

b) Wie hoch war im Jahr 20_1 der Bruttogewinn des Händlers?

c) Wie hoch durften seine betrieblichen Gemeinkosten höchstens sein, um sein Gewinnziel von mindestens CHF 60 000 zu erreichen?

d) Kreuzen Sie an, welche Kosten normalerweise zu den Gemeinkosten eines Warenhändlers zählen.

☐ Löhne
☐ Warenlieferkosten
☐ Energie
☐ Raummiete
☐ Abschreibungen
☐ Von Kunden abgezogene Rabatte

☐ Werbung
☐ Transportversicherung
☐ Zoll auf importierter Ware
☐ Verwaltungsaufwand
☐ Zinskosten für Darlehen

Finanzwirtschaftliche Zusammenhänge

e) Worin besteht die Dienstleistung von Handelsbetrieben?

4. **Bedeutung des Bruttogewinns verstehen**

a) Erklären Sie in eigenen Worten, was der Bruttogewinn ist.

b) Wozu dient der Bruttogewinn?

c) Nachstehend sind verschiedene Warenhandelsunternehmen genannt. Geben Sie an, ob der Bruttogewinn tendenziell «eher hoch», «eher durchschnittlich» oder «eher tief» ist. Begründen Sie Ihre Antwort.

Beispiel	BG ist eher			Begründung
	hoch	durch-schnittlich	tief	
Delikatessengeschäft in der Berner Innenstadt	☐	☐	☐	
Internethandel	☐	☐	☐	
Grosses Warenhaus in der Innenstadt	☐	☐	☐	
Grossverteiler (Engroshandel) am Stadtrand	☐	☐	☐	
Nennen Sie ein Warenhandelsunternehmen in Ihrer Umgebung:	☐	☐	☐	

E 8.2 Wareneinkauf

5. Handelswareneinkauf buchen

a) Bilden Sie die Buchungssätze für die laufenden Einkaufsbuchungen des Sportartikelhändlers Ilja Gernod und führen Sie das Konto «Handelswarenaufwand».

Nr.	Text	Soll	Haben	Betrag
1	Rechnung des Skilieferanten CHF 5600			
2	Barzahlung der Frachtspesen CHF 65			
3	Rücksendung von Skis infolge diverser Schäden, Gutschrift des Lieferanten CHF 450			
4	Mit dem Skilieferanten wurde ein Mängelrabatt von CHF 150 vereinbart.			
5	Zahlung der Rechnung per Bank nach Abzug von 1% Skonto.			

Handelswarenaufwand

Nr.	Text	Soll	Haben
1			
2			
3			
4			
5			

b) Wie viel haben die gekauften Skier tatsächlich gekostet und wie nennt man diesen Wert?

c) Weshalb bucht man den Kauf von Handelswaren nicht als Aktivzunahme im Konto «Handelswaren»?

Finanzwirtschaftliche Zusammenhänge

6. Verbuchung des Wareneinkaufs mit Vorratszunahme

Der Fleischgrosshändler Peter Stoffel handelt mit Frischfleisch, das er bei Schweizer Schlachtereien einkauft.

a) Buchungstatsachen während des Jahres
   Verbuchen Sie die Buchungstatsachen für den Einkauf von Natura Beef für das Jahr 20_1 und führen Sie die Konten «Handelswarenaufwand», «Handelswaren» und «Verbindlichkeiten LL».

Nr.	Text	Soll	Haben	Betrag
1	Eröffnung der Bestandeskonten: Vorrat an Rinderhälften CHF 15 000 Verbindlichkeiten LL CHF 10 000			
2	Einkauf von 40 Rinderhälften à CHF 750/Stück auf Rechnung bei Grossbauer Friederich			
3	Rechnung Impex für Transport CHF 3000			
4	Zwei Rinderhälften, welche den Standards von Natura Beef nicht entsprechen, werden retourniert. Gutschrift inklusive Transportkosten zulasten des Lieferanten CHF 1800			
5	Nachträglich durch Lieferant gewährter Rabatt von CHF 2000			
6	Bezahlung der Rechnung des Lieferanten unter Abzug von 2% Skonto durch Banküberweisung			

Berechnung für Buchungstatsache 6:

Einkauf Natura Beef 20_1

S	Handelswaren	H	S	Handelswarenaufwand	H	S	Verbindlichkeiten LL	H

Buchhaltung des Warenhandelsbetriebs

b) Verbuchung Vorratszunahme
   Verbuchen Sie die Vorratszunahme am Ende des Jahres 20_1 und schliessen Sie die Konten ab.

Nr.	Text	Soll	Haben	Betrag
7	Wert Vorrat an Rinderhälften Ende Jahr CHF 20 000 Verbuchung der Vorratszunahme			
8	Abschluss Handelswaren			
	Abschluss Handelswarenaufwand			
	Abschluss Verbindlichkeiten LL			

c) Beantworten Sie die Schlüsselfrage des Wareneinkaufs:

Was haben die Rinderhälften gekostet, welche der Grosshändler verkauft hat?	
Einstandswert der **verkauften** Ware	

7. Verbuchung des Wareneinkaufs mit Vorratsabnahme

Fortsetzung Wareneinkauf Fleischgrosshändler Peter Stoffel

a) Verbuchen Sie die Bestandesänderung am Ende des Jahres 20_2. Die übrigen Buchungstatsachen des Jahres sind schon in den Konten eingetragen. Es sind noch Rinderhälften im Wert von CHF 17 000 an Lager. Schliessen Sie die Konten «Handelswarenaufwand» und «Handelswaren» ab.

Einkauf Natura Beef 20_2

S	Handelswaren	H	S	Handelswarenaufwand	H
AB	20 000			32 000	3 904
				1 000	420

Nr.	Text	Soll	Haben	Betrag
1	Wert Vorrat an Rinderhälften Ende Jahr 20_2 CHF 17 000 Verbuchung der Vorratsabnahme			
2	Abschluss Handelswaren			
	Abschluss Handelswarenaufwand			

b) Beantworten Sie die Schlüsselfrage des Wareneinkaufs:

Was hat die Ware gekostet, welche das Handelsunternehmen verkauft hat?	
Einstandswert der **verkauften** Ware	

W 8.2 Wareneinkauf

8. Journal für Wareneinkauf führen

Führen Sie die Einkaufsbuchhaltung für die Weinhändlerin Vera Fröhlich und verwenden Sie die im Wareneinkauf üblichen Konten.

a) Verbuchen Sie die folgenden Geschäftsfälle im Journal:

1. Vera Fröhlich bezieht aus Aigle 24 Kisten mit unterschiedlichen Weinen; Rechnungsbetrag CHF 2150.
2. Vera Fröhlich erhält eine Rechnung für Büromaterial; CHF 158.
3. Vera Fröhlich schickt zwei Kisten Wein zurück (vgl. 1), da das Weingut eine falsche Sorte gesendet hat. Sie erhält dafür eine Gutschrift über CHF 280.
4. Beim Empfang einer Warensendung von Winzer A. Gross & Co. bezahlt Vera Fröhlich die Fracht von CHF 90 bar zu ihren Lasten.
5. Vera Fröhlich importiert Wein aus Frankreich im Betrag von CHF 15 000.
6. Sie begleicht die Rechnung sofort unter Abzug von 2 % Skonto.
7. Vera Fröhlich kauft einen zehn Jahre alten Opel Vectra Kombi für CHF 18 000 auf Rechnung.

Journal

Nr.	Soll	Haben	Betrag

Buchhaltung des Warenhandelsbetriebs

Am Anfang des Geschäftsjahres betrug der Wert des Weinlagers CHF 5600. Am Jahresende hat Vera Fröhlich einen Vorrat von 530 Flaschen, die einen Wert von CHF 4770 haben.

b) Führen Sie das Konto «Handelswaren» und nennen Sie die Korrekturbuchung am 31.12.

Handelswaren	

Korrekturbuchung am 31.12.

c) Weshalb wird die Vorratsabnahme im Handelswarenaufwand im Soll gebucht?

9. Konten des Wareneinkaufs vervollständigen und interpretieren

Gegeben sind die folgenden zusammengefassten Kontoeinträge:

Handelswaren				Handelswarenaufwand			
1)	35 000	5)	7 000	2)	158 000	4)	2 000
				3)	5 000		
				5)	7 000		

a) Setzen Sie die richtigen Vorzeichen (+/–) über die Soll- bzw. Habenspalten.
b) Schliessen Sie die Konten ab.
c) Geben Sie an, welche Buchungstatsache zu den Einträgen 1 bis 5 geführt haben könnte.

Nr.	Buchungstatsache
1	
2	
3	
4	
5	

d) Wie hoch ist der Wert des Warenvorrats Ende Jahr?

e) Welches ist der Fachbegriff für den Saldo des Kontos «Handelswarenaufwand»?

f) Nennen Sie den Buchungssatz mit Betrag für den Übertrag der beiden Saldi in die Bilanz bzw. die Erfolgsrechnung:

E 8.3 Warenverkauf

10. Verbuchung des Warenverkaufs

Die Weinhändlerin Vera Fröhlich verkauft ihren Wein in einer kleinen Vinothek im Zentrum von Biel; sie liefert ihren Kunden den Wein auch direkt nach Hause und auf Rechnung.

a) Führen Sie das Journal und die Konten «Handelserlöse» und «Forderungen LL».

Nr.	Text	Soll	Haben	Betrag
1	Eröffnung des Bestandeskontos: Anfangsbestand Forderungen LL			2000
2	Direktverkauf von diversen Weinen in der Vinothek			6300
3	Verkauf auf Rechnung von fünf 6er-Kartons Aigle zu CHF 90/Karton an P. Huwiler			
4	Versandkosten zulasten der Vinothek in bar bezahlt			35
5	Rücksendung von zwei Flaschen mit Zapfen durch P. Huwiler			
6	P. Huwiler erhält nachträglich einen Rabatt von 5%.			
7	Frachtkosten für den Versand von zehn Karton Wein an den Kunden P. Mattmüller; Barzahlung an Spediteur und Verrechnung an Kunde			53
8	Bezahlung der Rechnung durch P. Huwiler unter Abzug von 2% Skonto und Berücksichtigung der Rücksendung und des Rabattes (Banküberweisung)			

Berechnung für Buchungstatsache 8:

Buchhaltung des Warenhandelsbetriebs

Nr.	Text	Soll	Haben	Betrag
9	Aktionskauf von 20 Weingläsern für Degustationszwecke in der Vinothek, Barzahlung CHF 30			
10	Bezahlung ausstehende Rechnung durch Restaurant Soleil per Banküberweisung			1550
11	Abschluss Handelserlöse			
	Abschluss Forderungen LL			

S	Forderungen LL	H

S	Handelserlöse	H

b) Bestimmen des Nettoerlöses
   Beantworten Sie die Schlüsselfrage des Warenverkaufs:

Wie viel hat die Weinhändlerin Vera Fröhlich netto durch den Verkauf von Wein eingenommen? **Nettoerlös**	

c) Wozu wird Vera Fröhlich den Nettoerlös verwenden?

W 8.3 Warenverkauf

11. Journal führen

Die Bellmont AG beliefert Kioske von Badeanstalten in der ganzen Schweiz mit Zeitschriften, Rauchwaren, Getränken, Süssigkeiten, Snacks und Glacé.
a) Führen Sie das Journal für den Monat Juli.
b) Kreuzen Sie in der letzten Spalte an, welche Buchungstatsachen eine Ertragsminderung darstellen.

Datum	Text	Soll	Haben	Betrag	Ertrags-minderung
3. 7.	Lieferung von Zeitschriften an diverse Gartenbäder auf Rechnung			17 000.00	☐
13. 7.	Rücknahme von leeren PET-Flaschen ohne Pfand in verschiedenen Gartenbädern				☐
14. 7.	Bezahlung der Junirechnung durch das Gartenbad Nottwil; Banküberweisung			1250.00	☐
16. 7.	Lieferung von diversen Artikeln an die Badi Nottwil			1230.00	☐
18. 7.	Rückgabe von nicht verkaufbarer, geschmolzener Schokolade durch die Badi Nottwil			300.00	☐
20. 7.	Bankzahlung durch die Badi Nottwil unter Ausnützung des Skontos von 1 %				☐ ☐
Berechnung:					
21. 7.	Expresssendung an das Gartenbad Eglisee			670.00	☐
22. 7.	Expresssendung zulasten des Gartenbads wird dem Lieferdienst bar bezahlt und dem Gartenbad belastet			80.00	☐
24. 7.	Banküberweisung des Gartenbads Eglisee, kein Skontoabzug bei Expresssendungen				☐
25. 7.	Gratislieferung von Getränken im Wert von CHF 460 an diverse Gartenbäder, gesponsert vom Getränkehersteller				☐
25. 7.	Barzahlung an Spediteur für Gratislieferung zulasten des Getränkeherstellers			145.00	☐

c) Nennen Sie das Datum der Buchungstatsachen, welche nicht erfolgswirksam sind. Nennen Sie zum Datum jeweils ein Stichwort.

12. Konto «Handelserlöse» vervollständigen und Konteneinträge interpretieren

Gegeben sind die folgenden Kontoeinträge:

Handelserlöse	
1000	70 000
1500	

a) Setzen Sie die richtigen Vorzeichen über die Soll- bzw. Habenspalte.

b) Welche Buchungstatsache könnte zum Eintrag von CHF 70 000 geführt haben?

c) Welche Buchungstatsache hat zum Eintrag von CHF 1000 geführt?

d) Schliessen Sie das Konto «Handelserlöse» ab und ermitteln Sie den Nettoerlös.

W 8.2/3 Wareneinkauf/Warenverkauf

13. Geschäftsverkehr einer Kleiderboutique verbuchen

Verbuchen Sie den Geschäftsverkehr der Boutique HOLE-IN-ONE Katz, Einzelunternehmer W. Katz, in Luterbach. Es stehen folgende Konten zur Auswahl. Andere Bezeichnungen sind nicht zulässig.

Kontenplan

Aktiven	Passiven	Aufwand	Ertrag	Abschlusskonten
Kasse	Verbindlichkeiten LL	Einkauf Bekleidung	Verkauf Bekleidung	Bilanz
Bankguthaben	Darlehensschuld	Einkauf Ausrüstung	Verkauf Ausrüstung	Erfolgsrechnung
Forderungen LL	Hypothekarschuld	Lohnaufwand	Finanzertrag	
Verrechnungssteuer	Eigenkapital	Unterhalt und Reparaturen (URE)		
Vorrat Bekleidung		Werbeaufwand		
Vorrat Ausrüstung		Sonstiger Betriebsaufwand		
Darlehensforderung		Abschreibungen		
Einrichtung		Finanzaufwand		
IT-Anlage				
Fahrzeuge				
Liegenschaft				

Nr.	Text	Soll	Haben	Betrag
1	W. Katz erhält die Frühjahrskollektion Bekleidung auf Rechnung: CHF 10 000.			
2	W. Katz schickt defekte Ware (vgl. 1) im Wert von CHF 1000 zurück. Er erhält eine Gutschrift.			
3	Die beauftragte Druckerei liefert auf Kredit die neuen Werbeprospekte im Wert von CHF 2000.			
4	W. Katz bezahlt die Rechnung der Frühjahrskollektion (vgl. 1 und 2) nach Abzug von 2% Skonto per Bank.			
5	W. Katz sendet Kunde Spinnler eine Ausrüstung für CHF 1500 gegen Rechnung.			
6	Der neue Lieferwagen wird geliefert und bar bezahlt: CHF 25 000.			
7	W. Katz bezahlt der Bank den fälligen Darlehenszins in der Höhe von CHF 500.			
8	Kunde Spinnler (vgl. 5) überweist den fälligen Betrag auf das Bankkonto.			
9	Die Verpackungsmaschine muss repariert werden. Die Rechnung beträgt CHF 700.			

14. Konteneinträge interpretieren

Analysieren Sie die drei Warenkonten.

S	Handelsware		H
1)	9 000		
	2 000		
		S_Bi	11 000
	11 000		11 000

S	Handelswarenaufwand		H
2)	20 000	4)	100
3)	1 200		400
			2 000
		S_ER	18 700
	21 200		21 200

S	Handelserlöse		H
6)	20	5)	27 000
	980		
	S_ER	26 000	
	27 000		27 000

a) Geben Sie an, welche Buchungstatsache zu den Einträgen 1 bis 6 geführt haben könnte.

1

2

3

4

5

6

b) Welche Grösse stellen die folgenden Konteneinträge dar?

11 000

18 700

26 000

c) Wie hoch ist die Bestandesänderung?

d) Handelt es sich um eine Vorratszu- oder -abnahme? Begründen Sie Ihre Antwort.

e) Wie hoch ist der Bruttogewinn?

15. Verbuchen des Warenverkehrs mit Vorratsänderung

Vervollständigen Sie das Journal für diesen Handelsbetrieb.

Journal

Nr.	Buchungstatsache	Soll	Haben	Betrag
1	Anfangsbestand Waren			15 000
2	Kunden bezahlen durch Banküberweisung fällige Rechnungen unter Abzug von 2 % Skonto.			39 200 800
3	Wareneinkauf auf Kredit			86 000
4	Gutschrift eines Lieferanten für nachträglich gewährten Rabatt auf Warenkäufen			5 000
5	Nachträgliche Rabattgewährung an einen Kunden			3 000
6		Handelswarenaufwand	Verbindlichkeiten LL	30 000
7	Gutschrift eines Lieferanten für die Rücksendung mangelhafter Waren			4 000
8	Warenverkauf auf Kredit			90 000
9	Rücknahme von Waren. Der Kunde erhält eine Gutschrift.			2 000
10	Bankzahlung an Warenlieferanten. Von den Rechnungsbeträgen wurden 2 % Skonto abgezogen.			68 600 1 400
11		Bankguthaben Handelserlöse	Forderungen LL Forderungen LL	78 400 1 600
12		Handelswaren	Handelswarenaufwand	45 100
13		Bilanz	Handelswaren	60 100

Buchhaltung des Warenhandelsbetriebs

16. Führen der Warenkonten

a) Tragen Sie folgende Buchungstatsachen in die Konten «Handelswaren», «Handelswarenaufwand» und «Handelserlöse» ein und schliessen Sie die Konten ab.

Nr.	Buchungstatsache	Betrag
1	Anfangsbestand Warenvorrat	4 000
2	Rechnungen von Lieferanten	10 000
3	Rechnungen an Kunden	13 500
4	Transportkosten beim Wareneinkauf	600
5	Rücksendungen an Lieferanten	50
6	Rücksendungen von Kunden	10
7	Rabatte und Skonti von Lieferanten	200
8	Rabatte und Skonti an Kunden	490
9	Endbestand Warenvorrat	5 000

S Handelswaren H	S Handelswarenaufwand H	S Handelserlöse H

b) Wie gross ist der Warenaufwand?

c) Wie gross ist der Nettoerlös?

d) Wie gross ist der Bruttogewinn (mit Ausrechnung)?

17. Berechnungen im Warenverkehr

Bestimmen Sie die fehlenden Grössen (Beträge in CHF 1000). Die Fälle Nr. 1 bis 5 sind voneinander unabhängig.

Nr.	Warenaufwand	Nettoerlös	Bruttogewinn	Gemeinkosten	Erfolg + = Gewinn – = Verlust
1	200	300		70	
2	50		30		+5
3	350			60	+20
4	600		200	220	
5		200	80		–10

18. Bestandesänderung erfassen und Warenkonten führen

In der Warenbuchhaltung der Globatrade AG sind die folgenden Werte verbucht:

Anfangsbestand	30 Stück zu je CHF 45
Einkäufe	650 Stück zu je CHF 45
Bezugsspesen zu eigenen Lasten insgesamt	CHF 300
Verkäufe	610 Stück zu je CHF 75
Endbestand	zu CHF 45

a) Berechnen Sie den Endbestand in Stück und tragen Sie die Anzahl in die vorangehende Tabelle ein.

Buchhaltung des Warenhandelsbetriebs

b) Führen Sie die Konten «Handelswarenaufwand», «Handelserlöse» und «Handelswaren» gemäss den Angaben in der Tabelle.

c) Nennen Sie den Buchungssatz mit Betrag für die Korrektur des Warenvorrats.

19. Warenkonten führen und auswerten

a) Führen Sie aufgrund der folgenden Angaben die Konten «Handelswaren», «Handelswarenaufwand» und «Handelserlöse» des Gemüsehändlers P. Bernardo für den Monat Mai. Die Konten sind abzuschliessen.

1. Anfangsbestand Warenvorrat CHF 3900
2. Lieferant M. Fluder schickt die Monatsrechnung CHF 10 800.
3. Lieferant M. Fluder belastet für den Monat Mai die Transportkosten CHF 600.
4. P. Bernardo verschickt Waren an den Kunden D. Schneider CHF 13 570.
5. Er schickt dem Lieferanten M. Fluder mangelhafte Ware zurück CHF 800.
6. Kunde D. Schneider retourniert Waren CHF 70.
7. Lieferant M. Fluder gewährt einen Warenrabatt von 20%.
8. P. Bernardo gewährt dem Kunden D. Schneider einen Warenrabatt von 10%.
9. Endbestand Warenvorrat CHF 5200

b) Berechnen Sie die folgenden Grössen und tragen Sie sie in die Tabelle ein (Prozentzahlen auf eine Stelle nach dem Komma runden). Wenn die Grösse nicht berechnet werden muss, sondern abgelesen werden kann, geben Sie an, wo Sie die Zahl ablesen.

Nr.	Kenngrösse	Betrag in CHF oder Prozent	Berechnung
1	Warenaufwand		
2	Nettoerlös		
3	Bruttogewinn		
4	Bruttogewinn in Prozenten des Warenaufwands (Bruttogewinnzuschlag)		

E 8.4 Zweistufige Erfolgsermittlung

20. Einstufige und zweistufige Erfolgsrechnung erstellen

Die Zahlen für die Getränkehandlung Fürler AG im Jahr 20_1 lauten:

Handelswarenaufwand	
300 000	10 000
18 000	20 000
	S_{ER} 288 000
318 000	318 000

Handelserlöse	
1 000	448 000
8 000	
S_{ER} 439 000	
448 000	448 000

Personalaufwand	
36 000	
15 000	
	S_{ER} 51 000
51 000	51 000

Raumaufwand	
31 000	
	S_{ER} 31 000
31 000	31 000

Verwaltungsaufwand	
25 000	
4 000	
	S_{ER} 29 000
29 000	29 000

Sonstiger Betriebsaufwand	
10 000	
8 000	
	S_{ER} 18 000
18 000	18 000

Buchhaltung des Warenhandelsbetriebs

a) Erstellen Sie eine einstufige Erfolgsrechnung.

Aufwand	Erfolgsrechnung Fürler AG für 20_1	Ertrag

b) Erstellen Sie eine zweistufige Erfolgsrechnung in Berichtsform mit Ausweis des Bruttogewinns und des Betriebsergebnisses.

Erfolgsrechnung Fürler AG für 20_1		
Bruttogewinn		
Betriebsgewinn		

c) Wie hoch ist der Bruttogewinn in Prozenten des Warenaufwands (auf eine Kommastelle runden)?

21. Zweistufige Erfolgsrechnung erstellen

a) Aufgrund der folgenden Angaben ist eine zweistufige Erfolgsrechnung in Berichtsform für die Zoohandlung Bieri mit Ausweis des Bruttogewinns und des Betriebserfolgs zu erstellen.

Abschreibungen	20 000	Raumaufwand	30 000	Warenaufwand	414 000
Nettoerlös	594 000	Sonstiger Betriebsaufwand	14 000	Finanzertrag	12 000
Personalaufwand	130 000				

Erfolgsrechnung Zoohandlung Bieri für 20_1

Nettoerlös			594 000
Warenaufwand			414 000
Bruttogewinn			**180 000**
Personalaufwand		130 000	
Raumaufwand		30 000	
Abschreibungen		20 000	
Sonstiger Betriebsaufwand		14 000	194 000
Betriebsverlust			**14 000**
Finanzertrag			12 000
Unternehmensverlust			**2 000**

b) Wie hoch ist der Gemeinaufwand?

Gemeinaufwand = 20 000 + 30 000 + 14 000 + 130 000 = 194 000

c) Was ist der Vorteil dieser Darstellung der Erfolgsrechnung?

Die zweistufige Erfolgsrechnung zeigt übersichtlich den Bruttogewinn (Handelserfolg) und den Betriebserfolg separat und ermöglicht dadurch eine bessere Analyse und Beurteilung der einzelnen Erfolgsstufen des Unternehmens.

ß
W 8.4 Zweistufige Erfolgsermittlung

22. Zweistufige Erfolgsrechnung aus den Saldi erstellen

Gegeben sind die Saldi der Warenhandlung Simeon AG für 20_1:

Abschreibungen	12 000	Hypotheken	650 000	Verbindlichkeiten LL	74 000
Aktivdarlehen (langfristig)	86 000	Immobilien	715 000	Warenaufwand	248 000
Bankguthaben	35 000	Kasse	2 000	Warenertrag	480 000
Eigenkapital	250 000	Mobilien	65 000	Warenvorrat	90 000
Energieaufwand	5 000	Personalaufwand	120 000	Werbeaufwand	6 000
Finanzertrag	4 000	Raumaufwand	30 000	Wertschriften	9 000
Forderungen LL	33 000	Sonstiger Betriebsaufwand	2 000		

a) Markieren Sie sämtliche Konten, die in die Erfolgsrechnung gehören.
b) Erstellen Sie eine zweistufige Erfolgsrechnung.

Erfolgsrechnung Warenhandlung Simeon für 20_1		

c) Erstellen Sie die Bilanz aufgrund der Saldi der Bestandeskonten.

Aktiven	Bilanz Warenhandlung Simeon vom 31.12.20_1	Passiven
Umlaufvermögen	**Kurzfristiges Fremdkapital**	
	Langfristiges Fremdkapital	
	Eigenkapital	
Anlagevermögen		

23. Zweistufige Erfolgsrechnung in Konten- und Berichtsform

Gegeben ist die zweistufige Erfolgsrechnung der Warenhandlung Schütt GmbH in Kontenform (Kurzzahlen):

Erfolgsrechnung Warenhandlung Schütt GmbH für 20_1 (in CHF 1000)			
Aufwand	**1. Stufe**		**Ertrag**
Warenaufwand	414	Nettoerlös	604
Bruttogewinn	190		
	604		604
	2. Stufe		
Personalaufwand	130	Bruttogewinn	190
Raumaufwand	30		
Sonstiger Betriebsaufwand	14		
Abschreibungen	16		
Finanzaufwand	4	Betriebsverlust	4
	194		194

Buchhaltung des Warenhandelsbetriebs

a) Erstellen Sie eine zweistufige Erfolgsrechnung in Berichtsform.

KK	Erfolgsrechnung Warenhandlung Schütt GmbH für 20_1 (in CHF 1000)		
			604

b) Weisen Sie den einzelnen Einträgen die entsprechenden Kontenklassen (KK) zu.

c) In anderen Aufgaben war die Rede von Warenertrag, in dieser Aufgabe von Nettoerlös. Liegt da ein Fehler vor?

d) Nennen Sie einen anderen Begriff für Warenaufwand innerhalb der Erfolgsrechnung.

e) Die Warenhandlung Schütt GmbH macht einen Verlust von CHF 4000. Woran könnte dies liegen? Analysieren Sie die Erfolgsrechnung mit Blick auf den Bruttogewinn und die Gemeinkosten.

24. Erfolgswirksamkeit von Buchungssätzen bestimmen

a) Bilden Sie die Buchungssätze zu den folgenden Geschäftsfällen.
b) Zeigen Sie, wie sich die Geschäftsfälle auf Brutto- und Betriebsgewinn einer Warenhandlung auswirken. Schreiben Sie in die leeren Felder
   + wenn der entsprechende Gewinn zunimmt,
   − wenn der entsprechende Gewinn abnimmt,
   0 wenn der entsprechende Gewinn sich nicht verändert.

Nr.	Geschäftsfall	Brutto-gewinn	Betriebs-gewinn
	Die Bank belastet Kontokorrentzinsen. Buchungssatz: Finanzaufwand/Bankverbindlichkeiten	0	−
1	Kauf von Waren auf Rechnung		
2	Verkauf von Waren auf Rechnung		
3	Rechnung des Lieferanten für Bezugskosten		
4	Kunden erhalten einen Rabatt auf Warenverkäufen.		
5	Bezahlung einer Lieferantenrechnung für Waren durch Banküberweisung		
6	Die Bank schreibt den Zins auf dem einem wichtigen Lieferanten gewährten Darlehen gut.		
7	Kauf eines neuen Geschäftsautos auf Rechnung		
8	Der Warenvorrat hat abgenommen. Die Abnahme ist zu verbuchen.		
9	Kunden erhalten zu Werbezwecken Gratismuster.		
10	Kunden zahlen Rechnungen für Warenkäufe auf das PostFinance-Konto.		
11	Die Löhne werden per PostFinance bezahlt.		

Buchhaltung des Warenhandelsbetriebs

25. Auswirkung von Geschäftsfällen auf die beiden Stufen der Erfolgsrechnung beurteilen

a) Bilden Sie die Buchungssätze zu den folgenden Geschäftsfällen.
b) Zeigen Sie, wie sich die Geschäftsfälle auf Brutto- und Betriebsgewinn einer Warenhandlung auswirken. Schreiben Sie in die leeren Felder
   + wenn der entsprechende Gewinn zunimmt,
   – wenn der entsprechende Gewinn abnimmt,
   0 wenn der entsprechende Gewinn sich nicht verändert.

Nr.	Geschäftsfall	Brutto-gewinn	Betriebs-gewinn
	Die Bank belastet Kontokorrentzinsen. Buchungssatz: Finanzaufwand/Bankguthaben	0	–
1	Bezug von Waren gegen Rechnung. Buchungssatz: Warenaufwand/Verbindlichkeiten LL	–	–
2	Eine Lieferantenschuld wird in ein Darlehen umgewandelt. Buchungssatz: Verbindlichkeiten LL/Darlehen	0	0
3	Der Transportunternehmer belastet Einfuhrzoll auf Wareneinkäufen. Buchungssatz: Warenaufwand/Verbindlichkeiten LL	–	–
4	Der Schreiner schickt eine Rechnung für Reparaturen an den Wandschränken. Buchungssatz: Übriger Betriebsaufwand/Verbindlichkeiten LL	0	–
5	Abzug von Skonto bei der Zahlung einer Lieferantenrechnung. Buchungssatz: Verbindlichkeiten LL/Warenaufwand	+	+
6	Ein Kunde gibt Mobiliar im Wert von CHF 20 000 in Zahlung. Buchungssatz: Mobiliar/Forderungen LL	0	0
7	Zinsgutschrift auf Kontokorrentkonto. Buchungssatz: Bankguthaben/Finanzertrag	0	+
8	Eine IT-Anlage wird abgeschrieben. Buchungssatz: Abschreibungen/IT-Anlage	0	–
9	Bezahlung der Löhne der Mitarbeitenden per Banküberweisung. Buchungssatz: Personalaufwand/Bankguthaben	0	–
10	Einem Kunden wird nachträglich ein Rabatt gewährt. Buchungssatz: Warenertrag/Forderungen LL	–	–

c) Wie nennt man die Geschäftsfälle, welche zweimal eine 0 erhalten haben?

Erfolgsneutrale Geschäftsfälle

9 Finanzwirtschaftliche Zusammenhänge
Mehrwertsteuer

Inhaltsverzeichnis

		Theorie	Aufgaben
9.1	System der Mehrwertsteuer (MWST)	56	63
9.2	Verbuchung der Mehrwertsteuer nach der Nettomethode	59	70

Leistungsziel	62

9 Mehrwertsteuer

Einführungsfall

Die neue Tätigkeit der Lernenden Julia Moretti besteht darin, Rechnungen an Kunden auszustellen. Ihr Betreuer erklärt ihr, dass sie zum Totalbetrag immer 7,7 % Mehrwertsteuer hinzurechnen muss. Zufällig sieht sie auf dem Abrechnungsformular der Mehrwertsteuer, dass von ihrem Chef aber nur etwa 5,9 % des gebuchten Umsatzes an die Steuerverwaltung überwiesen wird. Warum macht er das, obwohl er von seinen Kunden 7,7 % einzieht?

9.1 System der Mehrwertsteuer (MWST)

→ 3. Semester
R & S
Kapitel 11

Die **Mehrwertsteuer** ist eine der wichtigsten Einnahmequellen des Bundes. Im Jahr 2017 machte sie mit etwa CHF 22,9 Milliarden rund ein Drittel aller Einnahmen des Bundes aus. Es handelt sich um eine indirekte Bundessteuer, da sie nicht direkt beim Konsumenten eingezogen wird. Stattdessen schlagen die steuerpflichtigen Unternehmen die Mehrwertsteuer auf den Kaufpreis und rechnen quartalsweise mit der Eidgenössischen Steuerverwaltung (ESTV) ab. Weil sie auf allen Stufen von der Herstellung bis zum Verkauf eines Produktes oder einer Dienstleistung auf dem jeweiligen Mehrwert erhoben wird, handelt es sich um eine Allphasensteuer.

9.1.1 Mehrwertsteuervorschriften

Abrechnungspflicht (Steuersubjekt) mit der Eidg. Steuerverwaltung

Art. 10 MWSTG

Das Mehrwertsteuergesetz bestimmt in Art. 10, dass grundsätzlich steuerpflichtig ist, «wer unabhängig von Rechtsform, Zweck und Gewinnabsicht ein Unternehmen betreibt».

Von der Steuerpflicht befreit sind u.a.
- Unternehmen, deren steuerbarer Umsatz (Nettoerlös) weniger als CHF 100 000 beträgt,
- nicht gewinnorientierte Sport- und Kulturvereine sowie gemeinnützige Institutionen mit einem steuerbaren Umsatz von weniger als CHF 150 000.

Steuergrundlage (Steuerobjekt)

Die Mehrwertsteuer wird erhoben auf
- allen im Inland erbrachten Lieferungen von Gegenständen und Dienstleistungen
- der Einfuhr von Gegenständen und Dienstleistungen.

Steuersatz*	Steuerobjekt
Ordentlicher Steuersatz 7,7 %	Alle Güter und Dienstleistungen, welche nicht einem reduzierten Steuersatz unterliegen oder steuerbefreit sind
Reduzierter Steuersatz 2,5 %	Gewisse Lieferungen und Leistungen des Alltagsbedarfs (Lebensmittel, Medikamente, Zeitungen, Bücher usw.)
Spezialsatz 3,7 %	Beherbergungen (Übernachtung mit Frühstück)
Steuerfrei	Leistungen in den Bereichen - Gesundheit - Sozialwesen - Bildung - Kultur (u.a. Radio- und Fernsehgebühren) - Geld- und Kapitalverkehr - Versicherungen - Vermietung und Verkauf von Immobilien Exporte

* Die genannten Steuersätze gelten seit dem 1.1.2018 bis zur bevorstehenden Rentenreform.

9.1.2 Mehrwertsteuer als Allphasensteuer

Bei der Mehrwertsteuer handelt es sich um eine **Konsumentensteuer**, die grundsätzlich bei jedem Kauf von Waren und Dienstleistungen vom Verkäufer erhoben wird und von diesem an die Eidgenössische Steuerverwaltung weitergeleitet werden muss. Der Verkäufer wurde aber seinerseits bei den Anschaffungen, die der Herstellung dieser Produkte oder Leistungen dienten, bereits mit einer Mehrwertsteuer belastet. Diese **Vorsteuer** kann er von der bei seinen Kunden erhobenen **Umsatzsteuer** abziehen und muss nur die Differenz überweisen. Da er demzufolge nur die Steuer auf dem Mehrwert, den er neu geschaffen hat, schuldet, nennt man diese Steuer Mehrwertsteuer.

Beispiel Ein Importeur führt Stahl im Wert von CHF 400 ein. Er verkauft diesen Rohstoff für CHF 500 an einen Fabrikanten, der daraus einen Tresor herstellt und diesen für CHF 1500 an ein Warenhaus weiterverkauft. Das Warenhaus verkauft den Tresor schliesslich für CHF 2000 an einen Endabnehmer (Konsumenten). Die folgende Darstellung zeigt, wie der Mehrwert von Stufe zu Stufe besteuert wird.

		Preis netto	Belastung MWST 7,7 %	Vorsteuerabzug	An ESTV bezahlte Steuer auf Mehrwert	Zu versteuernder «Mehrwert»
Importeur	Einfuhr von Stahl	CHF 400	CHF 30.80	CHF 0.00	CHF 30.80	CHF 400
	Verkauf für	CHF 500	CHF 38.50	CHF 30.80	CHF 7.70	CHF 100
Fabrikant	Verkauf für	CHF 1500	CHF 115.50	CHF 38.50	CHF 77.00	CHF 1000
Warenhaus	Verkauf für	CHF 2000	CHF 154.00	CHF 115.50	CHF 38.50	CHF 500
Konsument	Total abgelieferte, vom Endkonsumenten zu tragende Umsatzsteuer				CHF 154.00	CHF 2000

Mehrwertsteuer

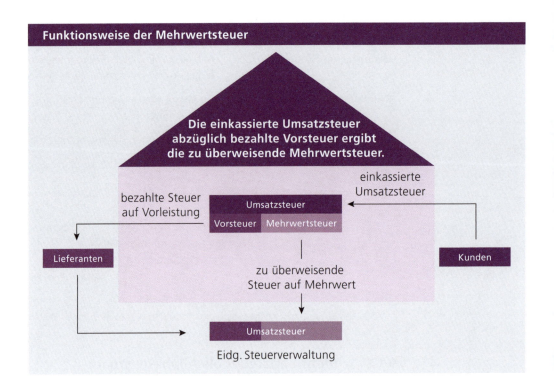

9.1.3 Mehrwertsteuerabrechnung

Normalerweise wird **vierteljährlich** (kleine Betriebe unter bestimmten Voraussetzungen halbjährlich) mit der **Eidgenössischen Steuerverwaltung** abgerechnet. Dies geschieht mit einem standardisierten Formular. Bei Lieferungen auf Kredit stellt sich die Frage, ob die Steuer auf Basis der ausgestellten Rechnungen oder der effektiv eingegangenen Zahlungen abgerechnet werden soll. Die ESTV verlangt grundsätzlich, dass aufgrund aller in der Abrechnungsperiode erhaltenen und verschickten Rechnungen abgerechnet wird. Dem sagt man Abrechnung nach **vereinbartem Entgelt**. Es kommt häufig vor, dass einem Kunden nachträglich noch ein Preisnachlass wie Rabatt, Skonto oder Gutschrift für Rücknahmen gewährt wird. Dadurch vermindert sich zwangsläufig in gleichem Masse auch der Betrag der verrechneten Umsatzsteuer. Dies muss in der Buchhaltung entsprechend berücksichtigt werden.

Gestaltungsvorschriften für Belege

Die Grundlage für die Abrechnung der Mehrwertsteuer sind die ausgestellten und erhaltenen Belege wie Rechnungen, Quittungen, Gutschriften usw. Jeder Steuerpflichtige erhält eine ❶ **Unternehmensidentifikationsnummer** (**UID**), die er auf jedem Beleg zu vermerken hat. Zusätzlich verlangt die ESTV Pflichtangaben wie Name und Adresse des ❷ **Leistungserbringers** sowie des ❸ **Leistungsempfängers**, ❹ **Datum**, Angabe der ❺ **Leistungsart**, ❻ **Preis** der Leistung und verrechneter ❼ **Steuerbetrag** in Prozenten oder Franken. Bei Kassenzetteln bis CHF 400 entfällt aus praktischen Gründen der Leistungsempfänger.

Finanzwirtschaftliche Zusammenhänge

Quittung mit allen gesetzlichen Erfordernissen

② Büro Meyer AG
Baslerstrasse 75, 8000 Zürich
Tel. 061 547 67 87

Quittung

Kunde Nr. 86798-5
③ Winkler Treuhand, Feldeggstr. 123, 8610 Uster

⑤ 4 Tintenpatronen CHF 86.15
4 Pakete Papier (80 g, matt) CHF 43.10

Total ⑥ CHF 129.25
PostFinance Card CHF 129.25

inkl. 7,7 % MWST ⑦ CHF 9.25

④ 02. Mai 20_2 Bon 1 076 589
11.14 Kasse 630 005
① CHE-123.786.987 MWST
Vielen Dank für Ihren Einkauf.
Es bediente Sie Frau Leandra Glaser.

Garantie und Umtausch nur gegen Vorweisung dieser Quittung.

Lösung Einführungsfall Der Chef von Julia Moretti handelt korrekt. Er kann von der einkassierten Mehrwertsteuer die Vorsteuer abziehen und überweist nur die Steuer auf dem Mehrwert, den sein Betrieb geschaffen hat.

A E-Aufgaben 1 bis 5, W-Aufgaben 6 bis 9

9.2 Verbuchung der Mehrwertsteuer nach der Nettomethode

Einerseits stellt die den Lieferanten bezahlte **Vorsteuer** ein **Guthaben** bei der ESTV dar. Andererseits ist die von Kunden einkassierte **Umsatzsteuer** eine der ESTV abzuliefernde **Schuld**. Wegen der besseren Übersicht und Kontrolle verlangt die Eidgenössische Steuerverwaltung von allen Unternehmen, dass sie dafür zwei getrennte Konten zu führen haben, deren Saldi erst bei der vierteljährlichen Abrechnung miteinander verrechnet werden dürfen.

Die auf dem Umsatz (Nettoerlös) einkassierte Steuer wird im Konto «Geschuldete MWST» (auch «Umsatzsteuer» genannt) abgerechnet. Die beim Einkauf an steuerpflichtige Lieferanten oder Dienstleistungserbringer bezahlten Steuern werden hingegen im Konto «Guthaben Vorsteuer» (abgekürzt «Vorsteuer MWST») abgerechnet. Jede mit Mehrwertsteuer belastete Ausgabe, Einnahme oder Rechnung erfordert demzufolge **zwei separate Buchungen**, eine für die Transaktion selbst und eine zusätzliche für die Steuer. Da die Mehrwertsteuer nach vereinbartem Entgelt abge-

Mehrwertsteuer

rechnet wird, die Umsatzsteuer aber nur auf dem effektiven Entgelt geschuldet wird, bewirken **nachträgliche Gutschriften** entsprechend auch **zwei Rückbuchungen**, eine für die Verbilligung des Preises und eine für die Verminderung der geschuldeten Umsatzsteuer.

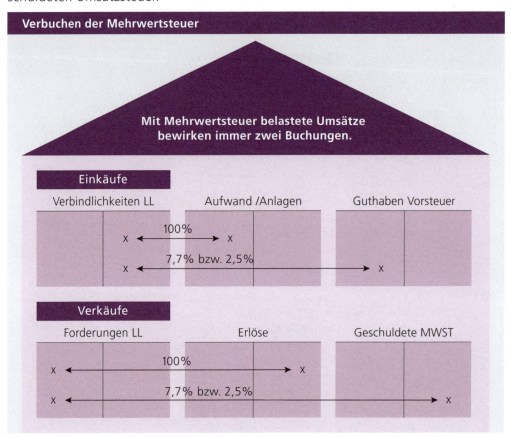

Am Ende der jeweiligen Rechnungsperiode wird der Saldo der Vorsteuer auf das Konto «Geschuldete MWST» als Abzug übertragen und der Restbetrag der ESTV überwiesen.

Konten für die Verbuchung der MWST

S	Guthaben Vorsteuer	H	S	Geschuldete MWST	H
Vorsteuerguthaben aus Käufen	Abnahmen infolge nachträglich erhaltener Rabatte, Skonti, getätigter Rückgaben		Abnahmen infolge nachträglich gewährter Rabatte, Skonti, erhaltener Rücknahmen		Geschuldete Umsatzsteuer aus Verkäufen
	Am Quartalsende: Saldo = Vorsteuerguthaben		**Am Quartalsende:** Verrechnung Vorsteuerguthaben Restzahlung an ESTV		

Finanzwirtschaftliche Zusammenhänge

Beispiel Die Waren AG verbucht folgende Buchungstatsachen:

1. Kauf von Ware auf Kredit im Wert von CHF 1000 zuzüglich 7,7% MWST
2. Nachträgliche Rabattgutschrift von 10% wegen mangelhafter Ware, Banküberweisung der Restschuld
3. Verkauf von Waren im Wert von CHF 3000 zuzüglich 7,7% MWST an Kunde A. Mäder
4. Der Kunde A. Mäder zieht 2% Skonto ab und überweist den Rest aufs Bankkonto.
5. Ende März wird das Vorsteuerguthaben mit der geschuldeten Mehrwertsteuer verrechnet.
6. Die restliche Mehrwertsteuerschuld wird der ESTV überwiesen.

Nr.	Text	Soll	Haben	Betrag	Kontrolle
1	Nettowert Ware 7,7% MWST	Handelswarenaufwand Guthaben Vorsteuer	Verbindlichkeiten LL Verbindlichkeiten LL	1000.00 77.00	1077.00
2	Rabattgutschrift: 10% auf Nettowert 10% auf MWST Bezahlung Restschuld	Verbindlichkeiten LL Verbindlichkeiten LL Verbindlichkeiten LL	Handelswarenaufwand Guthaben Vorsteuer Bankguthaben	100.00 7.70 969.30	1077.00
3	Nettoerlös verkaufte Ware 7,7% MWST	Forderungen LL Forderungen LL	Handelserlöse Geschuldete MWST	3000.00 231.00	3231.00
4	2% Skonto auf Nettoerlös 2% Skonto auf MWST Überweisung	Handelserlöse Geschuldete MWST Bankguthaben	Forderungen LL Forderungen LL Forderungen LL	60.00 4.60 3166.40	3231.00
5	Verrechnung Vorsteuer mit Umsatzsteuer	Geschuldete MWST	Guthaben Vorsteuer	69.30	
6	Überweisung MWST	Geschuldete MWST	Bankguthaben	157.10	

Verbindlichkeiten LL			
		1)	1000.00
		1)	77.00
2)	100.00		
2)	7.70		
2)	969.30		

Handelswarenaufwand			
1)	1000.00		
		2)	100.00

Guthaben Vorsteuer			
1)	77.00		
		2)	7.70
		5)	69.30

Forderungen LL			
3)	3000.00		
3)	231.00		
		4)	60.00
		4)	4.60
		4)	3166.40

Handelserlöse			
		3)	3000.00
4)	60.00		

Geschuldete MWST			
		3)	231.00
4)	4.60		
5)	69.30		
6)	157.10		

Mehrwertsteuer

Merke Typische Buchungssätze bei mehrwertsteuerpflichtigen Handelsbetrieben

Buchungstatsache	Soll	Haben	Betrag
Einkauf			
Kauf von Ware	Handelswarenaufwand Guthaben Vorsteuer	Verbindlichkeiten LL Verbindlichkeiten LL	100% 7,7%*
Rücksendung, Rabatt, Skonto	Verbindlichkeiten LL Verbindlichkeiten LL	Handelswarenaufwand Guthaben Vorsteuer	100% 7,7%*
Kauf Anlagen	Anlagen Guthaben Vorsteuer	Verbindlichkeiten LL Verbindlichkeiten LL	100% 7,7%
Verkauf			
Verkauf von Ware	Forderungen LL Forderungen LL	Handelserlöse Geschuldete MWST	100% 7,7%*
Rücksendung, Rabatt, Skonto	Handelserlöse Geschuldete MWST	Forderungen LL Forderungen LL	100% 7,7%*
Abrechnung mit Eidg. Steuerverwaltung			
Vorsteuerabzug	Geschuldete MWST	Guthaben Vorsteuer	Saldo Konto «Guthaben Vorsteuer»
Überweisung MWST an ESTV	Geschuldete MWST	Flüssige Mittel	Saldo Konto «Geschuldete MWST»

* Güter des täglichen Bedarfs (Lebensmittel, Medikamente, Zeitungen usw.) werden mit dem reduzierten Steuersatz von 2,5% besteuert.

A E-Aufgaben 10 und 11, W-Aufgaben 12 bis 16

Leistungsziel

1.5.1.5 Mehrwertsteuer

Ich berechne die Mehrwertsteuer. Ich verbuche die Umsatzsteuer (geschuldete MWST) auf Einkäufen und Investitionen und die Umsatzsteuer auf Verkäufen von Gütern und Dienstleistungen nach der Nettomethode.

E 9.1 System der Mehrwertsteuer (MWST)

1. Einführung in die Funktionsweise der Mehrwertsteuer

Ein Konsument kauft beim Händler Fertigvorhänge (inkl. Montage) im Wert von CHF 4000. Dieser beschafft sie beim Fabrikanten. Der Fabrikant kauft den Stoff beim Importeur, der ihn aus Indien in die Schweiz eingeführt hat. Auf jeder Stufe fallen 7,7% MWST an, die immer wieder als Vorsteuer geltend gemacht werden können.

a) Vervollständigen Sie die Tabelle.

		Preis netto	Belastung MWST 7,7%	Vorsteuerabzug	An ESTV bezahlte Steuer auf Mehrwert	Zu versteuernder «Mehrwert»
Importeur	Rohmaterialeinfuhr	800				
	Verkauf für	1000				
Fabrikant	Verkauf für	3000				
Händler	Verkauf für	4000				
Konsument	Total abgelieferte, vom Konsumenten zu tragende Umsatzsteuer					

b) Vergleichen Sie den Mehrwert auf jeder Stufe (Importeur, Fabrikant, Händler) mit der jeweils bezahlten Steuer. Was fällt Ihnen dabei auf? Formulieren Sie zwei Aussagen.

....
....
....
....

2. Berechnungen vornehmen

Berechnen Sie die fehlenden Positionen.

Nr.	Umsatz ohne MWST in CHF	MWST in %	MWST in CHF	Umsatz inkl. MWST
1	5 600	7,7		
2	8 789			9 465.75
3		7,7		721.60
4		2,5	567.00	
5	550		20.35	
6			522.45	7 307.45

Mehrwertsteuer

3. Steuersätze bestimmen

Bestimmen Sie durch Ankreuzen die MWST-Sätze für die folgenden Güter und Dienstleistungen:

Nr.	Steuerobjekt	7,7%	3,7%	2,5%	0%
1	Büromaterial	☐	☐	☐	☐
2	Zeitschriften	☐	☐	☐	☐
3	Beratungshonorar	☐	☐	☐	☐
4	Ökostrom	☐	☐	☐	☐
5	Zahnarztbehandlung	☐	☐	☐	☐
6	Maschinenexport	☐	☐	☐	☐
7	Schmerztabletten	☐	☐	☐	☐
8	Hotelübernachtung	☐	☐	☐	☐
9	Abendessen im Hotel	☐	☐	☐	☐
10	Importiertes Rohöl	☐	☐	☐	☐
11	Gipfeli für Kaffeepause	☐	☐	☐	☐
12	Fernsehgebühren	☐	☐	☐	☐
13	Behandlung beim Tierarzt	☐	☐	☐	☐
14	Versicherungsprämie	☐	☐	☐	☐

4. Geschuldete Mehrwertsteuer berechnen

Berechnen Sie die geschuldete MWST eines Sportgeschäfts für das 1. Quartal.

Konto	Umsatz (ohne MWST)	MWST-Satz	Vorsteuerguthaben	Geschuldete MWST
Aufwand Sportartikel	30 800	7,7%		
Aufwand Sportnahrung	1200	2,5%		
Erlös Sportartikel	78 900	7,7%		
Energieaufwand	1000	7,7%		
Anlagen (Neukauf)	15 000	7,7%		
Werbung	14 000	7,7%		
Erlös Sportnahrung	3600	2,5%		
Übriger Betriebsaufwand	4980	7,7%		
Total				
Geschuldete MWST				

Mehrwertsteuer

5. Vorgeschriebene Angaben in Rechnungsbelegen

Markieren Sie auf dem Rechnungsbeleg der Betriebsberatung Markus Aurelinger die Angaben, die von Gesetzes wegen enthalten sein müssen, und bestimmen Sie, welche darauf fehlen.

W 9.1 System der Mehrwertsteuer (MWST)

6. Berechnungen

Ergänzen Sie die fehlenden Beträge in der Tabelle und berechnen Sie die geschuldete MWST des Coiffeursalons Betty.

Art	Rechnungsbetrag ohne MWST	MWST-Satz	Vorsteuer	Einkassierte MWST	Rechnungsbetrag inkl. MWST
Materialkauf	33 038.95	7,7 %	2 544.00		35 582.95
Zeitschriftenabonnements	1 200.00	2,5 %	30.00		1 230.00
Lebensmittelkäufe	560.00	2,5 %	14.00		574.00
Übernachtungskosten Weiterbildung	359.45	3,7 %	13.30		372.75
Lohnaufwand	56 000.00	–			56 000.00
Energieaufwand	1 038.95	7,7 %	80.00		1 118.95
Kauf neue Waschanlage	10 389.60	7,7 %	800.00		11 189.60
Inserate	1 454.55	7,7 %	112.00		1 566.55
Mietaufwand	6 000.00	–			6 000.00
Einnahmen für Haarservice gemäss Kassenabrechnung	88 311.70	7,7 %		6 800.00	95 111.70
Rechnungen für Kunden im Altersheim	820.80	7,7 %		63.20	884.00
Übriger Betriebsaufwand	5 174.00	7,7 %	398.40		5 572.40
Versicherungsprämien	450.00	–			450.00
Total	204 798.00		3 991.70	6 863.20	215 652.90
Geschuldete MWST				2 871.50	

Mehrwertsteuer

7. Geschuldete Mehrwertsteuer berechnen

Das Architekturbüro Bernhard Stierli hat während des ersten Quartals 20_7 auf den Anschaffungen total CHF 2300 Mehrwertsteuer an seine Lieferanten bezahlt. Gleichzeitig hat es Rechnungen für insgesamt CHF 190 629 inkl. MWST verschickt.

Berechnen Sie die von Bernhard Stierli geschuldete Mehrwertsteuer für das 1. Quartal.

8. Geschuldete Mehrwertsteuer berechnen

Ein Fitnesscenter rechnet mit der Eidgenössischen Steuerverwaltung über die nachfolgenden Umsätze des vergangenen Quartals ab.

1. Verschickte Rechnungen an Kunden inkl. 7,7 % Mehrwertsteuer CHF 99 464.45
2. Bareinnahmen aus Einzeleintritten CHF 7696.10 zuzüglich CHF 592.60 MWST
3. Kreditkauf neuer Geräte CHF 15 533.75 zuzüglich CHF 1196.10 MWST
4. Rechnung der Werbeagentur CHF 827.90 exkl. 7,7 % MWST
5. Übrige Ausgaben inkl. 7,7 % MWST CHF 4755.60

Bestimmen Sie die geschuldete MWST.

Nr.	Buchungstatsache	Betrag exkl. MWST	Bezahlte Vorsteuer	Einkassierte MWST	Betrag inkl. MWST
1	Rechnungen an Kunden				
2	Einzeleintritte				
3	Gerätekauf				
4	Rechnung Werbeagentur				
5	Übrige Ausgaben				
	Total				
	Geschuldete MWST				

9. Geschuldete Mehrwertsteuer berechnen (mit Rabatt und Skonto)

Berechnen Sie die geschuldete MWST per 30.6.20_1 des Steuerberatungsbüros Henry Atsenig. Es wird ausschliesslich mit dem ordentlichen Steuersatz von 7,7 % abgerechnet.

Geschäftsverlauf vom 1.4. bis 30.6.20_1	Abzurechnende Vorsteuer	Geschuldete MWST
Erhaltene Rechnungen CHF 39 387.45 inkl. MWST		
Bankbelastungen CHF 41 000 für die Begleichung von Rechnungen		
Von den erhaltenen Rechnungen abgezogene Skonti CHF 580.45		
An Kunden ausgestellte Rechnungen netto CHF 353 246.75 zuzüglich CHF 27 200 MWST		
Einem Kunden wurde wegen mangelhafter Beratung am 25. Juni auf der Rechnung vom 15. März nachträglich ein Preisnachlass von CHF 4662.55 gewährt.		
Auf Bank eingegangene Kundenzahlungen CHF 320 000		
Diverse Barausgaben für Büromaterial usw. CHF 240.60 inkl. MWST		
Total		
Für 2. Quartal geschuldete MWST		

E 9.2 Verbuchung der Mehrwertsteuer nach der Nettomethode

10. Konten «Guthaben Vorsteuer» und «Geschuldete MWST» führen und ausgleichen

a) Tragen Sie die folgenden Buchungstatsachen eines Architekturbüros in die richtigen Konten ein. Die bisherigen Einträge sind bereits addiert.

1. Rechnungen an Kunden für CHF 53 850 einschliesslich 7,7 % MWST
2. Erhaltene Rechnung für Büromaterial CHF 2154 inkl. CHF 154 MWST
3. Rechnung an Kunden für Baupläne im Wert von CHF 5600 (ohne MWST)
4. Erhaltene Rechnung für Werbeinserate CHF 901.45 inkl. CHF 64.45 MWST

Forderungen LL	
56 900.00	49 800.00
53 850.00	
6 031.20	

Verbindlichkeiten LL	
24 000.00	31 000.00
	2 154.00
	901.45

Dienstleistungserlöse	
	44 000.00
	50 000.00
	5 600.00

Guthaben Vorsteuer	
1 456.00	
154.00	
64.45	

Geschuldete MWST	
	3 686.80
	3 850.00
	431.20

Diverser Aufwand	
14 500.00	
2 000.00	
837.00	

b) Berechnen Sie das Vorsteuerguthaben; ziehen Sie es von der einkassierten Umsatzsteuer ab, indem Sie den Betrag vom Konto «Guthaben Vorsteuer» auf das Konto «Geschuldete MWST» übertragen. Wie lautet der Buchungssatz für diesen Übertrag?

Soll	Haben	Betrag
Geschuldete MWST	Guthaben Vorsteuer	1 674.45

c) Berechnen Sie die jetzt noch geschuldete MWST und verbuchen Sie die Zahlung an die Eidgenössische Steuerverwaltung. Wie lautet der Buchungssatz für die Banküberweisung?

Soll	Haben	Betrag
Geschuldete MWST	Bank	6 293.55

Finanzwirtschaftliche Zusammenhänge

11. Buchungssätze, Führung MWST-Konten, unterschiedliche MWST-Sätze und Rücksendung

Bilden Sie die Buchungssätze der Pumpenfabrik Stump AG.

Nr.	Buchungs-tatsache	Buchungssätze	Betrag	Guthaben Vorsteuer		Geschuldete MWST	
				Soll	Haben	Soll	Haben
1	Bestände			1 268.60			6 823.00
	Kauf von Metallteilen für CHF 21 540 inkl. MWST						
2	Rechnung an Kunde Moser für Pumpen, CHF 41 000 exkl. MWST						
3	Barzahlung Versandkosten zu eigenen Lasten (vgl. 2) CHF 180 inkl. MWST						
4	Rechnung Stanzmaschine, Katalogpreis exkl. MWST CHF 3 000, 10 % Rabatt						
5	Rechnung Fachbücher CHF 850 inkl. MWST						
6	Rücksendung eines Buches Gutschrift CHF 123						
7	Verrechnung Vorsteuer mit Umsatzsteuer						
8	Bankzahlung geschuldete MWST						

Mehrwertsteuer

W 9.2 Verbuchung der Mehrwertsteuer nach der Nettomethode

12. Geschäftsverkehr mit Mehrwertsteuer inkl. Preisnachlässen

Die Textilreinigung Bauer AG, Wil, muss mit der Steuerverwaltung vierteljährlich die Mehrwertsteuer abrechnen. Tragen Sie die Buchungssätze samt Betrag in die Tabelle ein und führen Sie die Konten «Vorsteuer MWST» und «Geschuldete MWST» entsprechend Ihren Buchungen weiter. Zusätzlich stehen die Konten «Kasse», «Bankguthaben», «Forderungen LL», «Verbindlichkeiten LL», «Maschinen», «Materialaufwand» und «Dienstleistungserlöse» zur Verfügung.

1. Rechnungen an Grosskunden für ausgeführte Reinigungen inkl. 7,7 % MWST CHF 8616
2. Rechnung für Waschchemikalien CHF 2600 zuzüglich CHF 200.20 MWST
3. Rechnung für neuen Waschautomaten BZA-720 CHF 6200 zuzüglich 7,7 % MWST CHF 477.40
4. Transport AG Stallikon: Rechnung für den Transport des Waschautomaten (vgl. 3) inkl. 7,7 % MWST CHF 301.55
5. Gutschrift der Bank CHF 8443.70 für die Überweisung des Grosskunden (vgl. 1). Er hat 2 % Skonto abgezogen.
6. Bareinnahmen im Laden CHF 4523.40 inkl. CHF 323.40 MWST
7. Abrechnung mit der Steuerverwaltung: Verrechnung von Vorsteuer und geschuldete MWST.
   Eine allfällige Steuerschuld wird durch Banküberweisung beglichen. Schliessen Sie die Konten ab.

Nr.	Buchungssatz		Betrag	Vorsteuer MWST		Geschuldete MWST	
	Soll	Haben		Soll	Haben	Soll	Haben
	Übertrag			7657.25	5250.00	8157.70	13930.60

Mehrwertsteuer

W 9.2 Verbuchung der Mehrwertsteuer nach der Nettomethode

13. Buchungssätze einer Apotheke mit MWST

Geben Sie für die nachfolgenden Geschäftsfälle der Apotheke Fürer die Buchungssätze einschliesslich Betrag an. Es stehen nur die ausgewählten Konten gemäss nachfolgendem Kontenplan zur Verfügung. Wo nichts gebucht werden muss, schreiben Sie «keine Buchung» hin.

Ausgewählte Konten (alphabetische Reihenfolge):

Abschreibungen	Forderungen LL	Kasse	Vorsteuer MWST
Bankguthaben	Geschuldete MWST	Mobiliar	Werbeaufwand
Energieaufwand	Guthaben Verrechnungssteuer	Raumaufwand	
Fahrzeuge	Handelserlöse	Sonstiger Betriebsaufwand	
Finanzertrag	Handelswarenaufwand	Verbindlichkeiten LL	

Geschäftsfälle

1. Ein alter Lieferwagen wird einem Geschäftspartner gegen Rechnung für CHF 5000 ohne MWST verkauft. Die MWST von 7,7 % wird ebenfalls verrechnet.
2. Die Galenica liefert Medikamente auf Kredit zum Einstandspreis von CHF 3075 einschliesslich MWST 2,5 %. Verbuchen Sie die Lieferung und die MWST.
3. Ein Drittel der Galenica-Lieferung (vgl. 2) wird zurückgeschickt, weil die Ware beschädigt ist.
   Der entsprechende Betrag von CHF 1025 wird der Apotheke wie folgt gutgeschrieben:
   Einstandspreis   CHF 1000
   Mehrwertsteuer   CHF   25
   Die Verminderung des Wertes und der MWST sind zu buchen.
4. Der Geschäftspartner (vgl. 1) wird wegen Zahlungsverzug gemahnt.
5. Der Immobilien-Treuhand AG wird der Mietzins von CHF 2700 für das Geschäftslokal überwiesen.
6. Die Stromrechnung von CHF 91.50 (inkl. MWST CHF 6.55) wird direkt via Lastschriftverfahren dem Bankkonto belastet.
7. Die Bank schreibt den Zins von CHF 43.55 gut.

Nr.	Soll	Haben	Betrag

8. Die Konten «Vorsteuer MWST» und «Geschuldete MWST» weisen Ende Quartal, nach Verbuchung der Geschäftsfälle 1 bis 7, die folgenden summarischen Eintragungen auf.

S	Vorsteuer MWST	H
	167 300	4 800

S	Geschuldete MWST	H
	7 200	295 000

Verbuchen Sie die Verrechnung der Vorsteuer mit der Umsatzsteuer.

Nr.	Soll	Haben	Betrag
8	Geschuldete MWST	Vorsteuer MWST	162 500

9. Verbuchen Sie die Banküberweisung der geschuldeten Mehrwertsteuer an die Steuerverwaltung.

Nr.	Soll	Haben	Betrag
9	Geschuldete MWST	Bank	125 300

Mehrwertsteuer

14. Mehrwertsteuer mit Kontenführung

Bilden Sie die Buchungssätze für die zusammengefassten Buchungstatsachen eines Warenhandelsbetriebs. Es sind die für den Warenhandel üblichen Konten zu verwenden und die Konten «Vorsteuer MWST» und «Geschuldete MWST» zu führen. Alle Lieferungen erfolgen auf Rechnung.

Zusammengefasste Buchungstatsachen

1. Wareneinkäufe total CHF 96 930, darin enthalten sind CHF 6930 MWST
2. Von Lieferanten verrechnete Bezugskosten CHF 915.45 inkl. 7,7 % MWST
3. Warenverkäufe für CHF 193 860 inkl. 7,7 % MWST
4. Warenverkäufe von CHF 20 000 in das benachbarte Ausland
5. Die Konten «Vorsteuer MWST» und «Geschuldete MWST» sind miteinander zu verrechnen.
6. Die MWST wird der ESTV per Bank überwiesen.

Nr.	Soll	Haben	Betrag
1a	Warenaufwand	Kreditoren	90 000.00
1b	Vorsteuer MWST	Kreditoren	6 930.00
2a	Bezugskosten	Kreditoren	850.00
2b	Vorsteuer MWST	Kreditoren	65.45
3a	Debitoren	Warenertrag	180 000.00
3b	Debitoren	Geschuldete MWST	13 860.00
4	Debitoren	Warenertrag	20 000.00
5	Geschuldete MWST	Vorsteuer MWST	6 995.45
6	Geschuldete MWST	Bank	6 864.55

S	Vorsteuer MWST	H
6 930.00		6 995.45
65.45		

S	Geschuldete MWST	H
6 995.45		13 860.00
6 864.55		

15. Belege gemäss Kontenrahmen KMU kontieren

Die Kontierungsstempel auf folgenden Belegen der Lampen Lamprecht sind auszufüllen. Es sind die Kontennummern gemäss KMU-Kontenrahmen zu verwenden.

Beleg Nr. 1

Herr Lamprecht hat einen Geschäftspartner zum Mittagessen eingeladen und entsprechend Geld aus der Kasse genommen.

Beleg 1	Kontonummer	Soll	Haben

Tavolago AG
6002 Luzern

CHE 628.283.149 MWST

2 × Menu à CHF 36.50	CHF 73.00
2 × Passugger à CHF 4.50	CHF 9.00
2 × Espresso à CHF 4.20	CHF 8.40
Total	CHF 90.40
MWST 7,7%	CHF 6.45

5.4.20_2

Beleg Nr. 2

Ein Kunde hat eine Designerlampe gekauft. Er erhält nachstehende Quittung.

Beleg 2	Kontonummer	Soll	Haben

Lampen Lamprecht
Bahnhofstrasse 3   9400 Rorschach

Rorschach, 18.5.20_2

Beleg Nr. 7865–35

Dekolight   CHF 289.20
(Betrag inkl. 7,7% MWST)
Betrag bar erhalten.

Besten Dank
für Ihren Einkauf.
CHE-134.659.568 MWST

Mehrwertsteuer

Beleg Nr. 3

Die Verwaltungschefin kauft Büromaterial bei Büro Meyer AG und zahlt mit der PostFinance Card.

Beleg 3	Kontonummer	Soll	Haben
Büro Meyer AG – Baslerstrasse 75, 8000 Zürich – Tel. 044 547 67 87 **Barquittung** Kunde Nr. 86798-5 – Winkler Treuhand – 4 Tintenpatronen CHF 86.40 – 4 Pakete Papier (80 g, matt) CHF 43.20 – Total CHF 129.60 – PostFinance Card CHF 129.60 – inkl. 7,7 % MWST CHF 9.25 – 02.05.20_9 Bon 1 076 589 – 11.14 Kasse 630 005 – CHE-123.786.987 MWST – Vielen Dank für Ihren Einkauf. Es bediente Sie Frau Leandra Glaser. Garantie und Umtausch nur gegen Vorweisung dieser Quittung.			

16. Buchungstatsachen eines Warenhändlers mit MWST verbuchen

Verbuchen Sie die folgenden ausgewählten Buchungstatsachen des Warenhändlers Mario Monti. Die MWST beträgt 7,7 %.

1. Anfangsbestand an Waren CHF 20 000
2. Kauf von Waren auf Kredit für CHF 12 000 zuzüglich Mehrwertsteuer
3. Rechnung des Spediteurs für Warenlieferung ins Lager CHF 323.10 inkl. MWST
4. Warenverkäufe auf Kredit für CHF 9500 exkl. MWST
5. Wegen mangelhafter Ware schickt der Lieferant Gubser eine Gutschrift von CHF 215.40. Darin enthalten ist eine Verminderung der Mehrwertsteuer um CHF 15.40. Diese ist auch zurückzubuchen.
6. Rechnung der Publicitas für Werbeinserate CHF 1400.10 inkl. CHF 100.10 MWST
7. Bankgutschrift für die Überweisung der Kundin Petra Meuer CHF 4 749.55. Sie hat vom verbuchten Rechnungsbetrag von CHF 4846.50 bereits 2 % Skonto abgezogen. Die Bankgutschrift, die Wertverminderung und die Verminderung der MWST sind zu buchen.
8. Rechnung für neue Lagergestelle CHF 3661.80 inkl. MWST
9. Das Inventar Ende Jahr weist einen Warenvorrat im Wert von CHF 19 900 auf.
10. Die MWST-Konten weisen vor der Abrechnung folgende Saldi aus:
    Vorsteuer MWST CHF 3500
    Geschuldete Umsatzsteuer CHF 4670.
    Verbuchen Sie die Abrechnung mit der ESTV und die Zahlung der geschuldeten Steuer per Banküberweisung.

Finanzwirtschaftliche Zusammenhänge

Nr.	Soll	Haben	Betrag

10 Finanzwirtschaftliche Zusammenhänge
Warenkalkulation

Inhaltsverzeichnis

	Theorie	Aufgaben
10.1 Betriebliche Kalkulation	83	90
10.2 Kalkulation und Marketing	86	100
Leistungsziele		89

10 Warenkalkulation

Einführungsfall | Pit Schweizer, gelernter Velomechaniker, handelt erfolgreich mit Mountainbikes und möchte das Sortiment seines kleinen Handelsbetriebs allmählich erweitern. Er spielt mit dem Gedanken, seinen Kunden neu auch E-Downhill-Mountainbikes anzubieten – Kontakt zu einem chinesischen Lieferanten hat er bereits geknüpft. Welche Überlegungen muss er anstellen und welche Berechnungen muss er vornehmen, um zu entscheiden, ob es sich lohnt, diese Sortimentserweiterung vorzunehmen?

In der betrieblichen Kalkulation geht es darum, zu berechnen, wie hoch der Verkaufspreis einer Ware sein soll, damit die beim Einkauf bezahlten Kosten (= Einstandspreis) sowie die im Betrieb anfallenden Gemeinkosten und ein gewünschter Gewinn gedeckt sind. Umgekehrt wird berechnet, inwiefern der Marktpreis einer Ware die eigenen Ausgaben deckt.

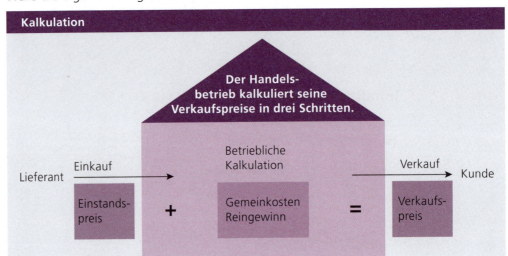

Einkaufsprozess

→ **Kapitel 8**

Der Einkaufsprozess wird in den meisten Warenhandelsunternehmen von einem Einkäufer bzw. einer ganzen Einkaufsabteilung gesteuert. Der Kontakt zu den Lieferanten steht dabei im Zentrum. Bei diesen Lieferantenbeziehungen (Kreditoren) geht es neben der Qualität der Ware und der rechtzeitigen Lieferung auch um die Höhe des Einkaufspreises.

Ein weiterer wichtiger Faktor, der berücksichtigt werden muss, sind die **Bezugskosten** (z.B. Transport, Versicherungen, Zoll usw.), weil sie in der Regel vom Käufer zu tragen sind. Die Höhe der Bezugskosten ist von Faktoren wie Menge, Gewicht, Volumen, Transportdistanz usw. abhängig. Die Bezugskosten gehören zum Einkaufsprozess und werden deshalb zum reinen Warenwert dazugerechnet. Ist im Vertrag «franko Domizil» (Lieferung frei Haus) vereinbart worden, so übernimmt der Verkäufer die Kosten der Lieferung.

Art. 189 Abs. 1 OR

Der **Einstandspreis** (Warenaufwand) entspricht allen zu bezahlenden Kosten, welche für eine Ware anfallen, bis diese beim Einkäufer im Lager ist.

Der Einkäufer versucht, für das Unternehmen günstige Konditionen auszuhandeln und somit den Aufwand der eingekauften Waren möglichst tief zu halten.

10.1 Betriebliche Kalkulation

Ein Unternehmen hat neben dem Warenaufwand diverse weitere Aufwendungen im Zusammenhang mit seiner Betriebstätigkeit (z.B. für Personal, Lager, Werbung und Administration). Diese dem einzelnen Produkt nicht direkt zuordenbaren Kosten werden **Gemeinkosten** genannt und sollten durch den Verkaufserlös auch gedeckt sein. Rechnet man die Gemeinkosten zum Warenaufwand dazu, erhält man die **Selbstkosten**. Wäre der **Verkaufserlös** (Nettoerlös) identisch mit den Selbstkosten, so würde das Unternehmen weder Gewinn noch Verlust erzielen. Der angestrebte Reingewinn muss deshalb zu den Selbstkosten hinzugezählt werden. Damit erhält man einen Nettoerlös, bei welchem der Warenaufwand, die Gemeinkosten und der gewünschte Reingewinn gedeckt sind.

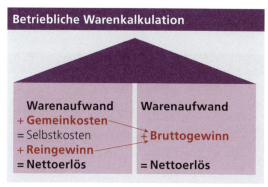

Gesamtkalkulation – Einzelkalkulation

In der Kalkulation unterscheidet man zwischen Einzelkalkulationen für einzelne Produkte und der Gesamtkalkulation für das ganze Unternehmen bzw. Abteilungen. Die Grundlage der Gesamtkalkulation bilden die Zahlen aus der Erfolgsrechnung. Aus diesen berechnet man die Prozentwerte der Zuschläge für die Einzelkalkulation.

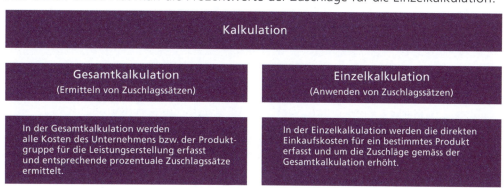

Warenkalkulation

10.1.1 Ermittlung von Zuschlagssätzen aus der Erfolgsrechnung

Jedes Unternehmen muss die eigenen Prozentsätze anhand der Zahlen der Erfolgsrechnung aus den Vorjahren ausrechnen oder Erfahrungswerte der Branche übernehmen.

Für die Gesamtkalkulation verwendete Zahlen aus der Erfolgsrechnung

Kalkulationsgrösse	Konto
Warenaufwand	Handelswarenaufwand (=Einstandswert verkaufte Ware)
Gemeinkosten	Alle übrigen betrieblichen Aufwände
Nettoerlös	Handelserlöse

Beispiel Der Gemüsehändler AGRO berechnet die Prozentsätze aufgrund seiner Erfolgsrechnung 20_5.

Zuschlag	Formel	Werte aus der Erfolgsrechnung			
		Warenaufwand (= Einstandswert)	200 000	100 %	
Gemeinkostenzuschlag	$\dfrac{\text{Gemeinkosten} \times 100}{\text{Warenaufwand}}$	+ Gemeinkosten	40 000	20 %	
		= Selbstkosten	240 000	120 %	100 %
Reingewinnzuschlag	$\dfrac{\text{Reingewinn} \times 100}{\text{Selbstkosten}}$	+ Reingewinn (Betriebsgewinn)	36 000		15 %
		= Nettoerlös	276 000		115 %

Zuschlag	Formel	Werte aus der Erfolgsrechnung		
		Warenaufwand	200 000	100 %
Bruttogewinnzuschlag	$\dfrac{\text{Bruttogewinn} \times 100}{\text{Warenaufwand}}$	+ Bruttogewinn	76 000	38 %
		= Nettoerlös	276 000	138 %

Merke Der tiefere Wert ist bei den Zuschlagssätzen immer 100 % (Basis).

10.1.2 Anwendung der Zuschlagssätze in der Einzelkalkulation

Die Kalkulation kann ein- oder zweistufig erfolgen.

Vom Warenaufwand zum Nettoerlös (zweistufig)

Beispiel: Der Gemüsehändler AGRO kauft Karotten zum Einstandspreis von CHF 5000 ein. Er rechnet mit einem Gemeinkostenzuschlag von 20% und einem Reingewinnzuschlag von 15%. Wie hoch sind die Selbstkosten und der Nettoerlös?

Bezeichnung	Betrag	Prozent	Prozent
Einstandspreis (Warenaufwand)	5000	100%	
+ Gemeinkosten	1000	20%	
= Selbstkosten	6000	120%	→ 100%
+ Reingewinn	900		15%
= Nettoerlös	6900		115%

Aufbau Kalkulation in zwei Schritten

Stufe	Erläuterung
Einstandspreis (Warenaufwand)	Der Einstandspreis (Warenaufwand) ist der Ausgangswert für die Kalkulation und zeigt, wie viel ein Produkt kostet, bis es an Lager ist. Für jeden Handelsbetrieb fallen weitere Kosten an, welche mit einem Gemeinkostenzuschlagssatz berücksichtigt werden sollen (Gemeinkosten in Prozenten des Warenaufwands):
+ Gemeinkosten	$$\text{Gemeinkostenzuschlag} = \frac{\text{Gemeinkosten} \times 100\%}{\text{Warenaufwand}}$$
= Selbstkosten	Würde man ein Produkt zu den Selbstkosten verkaufen, würde man weder einen Verlust noch einen Gewinn erzielen. Jedes Unternehmen hat Gewinnziele, und in der Kalkulation berücksichtigt man dies mit dem Reingewinnzuschlag (Reingewinn in Prozenten der Selbstkosten):
+ Reingewinn	$$\text{Reingewinnzuschlag} = \frac{\text{Reingewinn} \times 100\%}{\text{Selbstkosten}}$$
= Nettoerlös	Der Nettoerlös ist der Verkaufspreis, mit welchem die Gemeinkosten und der gewünschte Reingewinn gedeckt sind. In der Praxis wird der Nettoerlös oft mit Verkaufserlös bezeichnet.

Vom Warenaufwand zum Nettoerlös (einstufig)

Beispiel: Der Gemüsehändler AGRO könnte auch direkt mit einem Bruttogewinnzuschlag von 38% rechnen. Die Lösung würde folgendermassen lauten:

Bezeichnung	Betrag	Prozent
Einstandspreis (Warenaufwand)	5000	100%
+ Bruttogewinn (Gemeinkosten + Reingewinn)	1900	38%
= Nettoerlös	6900	138%

Warenkalkulation

Aufbau Kalkulation in einem Schritt

Stufe	Erläuterung
Einstandspreis (Warenaufwand)	Der Einstandspreis (Warenaufwand) ist der Ausgangswert für die Kalkulation und zeigt, wie viel ein Produkt kostet, bis es an Lager ist.
+ Bruttogewinn	Ist eine Aufteilung zwischen Gemeinkosten und Reingewinn nicht entscheidend, kann man mit dem Bruttogewinnzuschlag (Bruttogewinn in Prozenten des Warenaufwands) rechnen: $$\text{Bruttogewinnzuschlag} = \frac{\text{Bruttogewinn} \times 100\%}{\text{Warenaufwand}}$$
= Nettoerlös	Der Nettoerlös ist der Verkaufspreis, mit welchem der gewünschte Bruttogewinn (Gemeinkosten + Reingewinn) erzielt wird.

Bei dieser Variante gelangt man direkt zum Nettoerlös. Jedoch hat man die Informationen über Selbstkosten, Gemeinkosten und Reingewinn nicht.

Lösung Einführungsfall

Pit Schweizer muss zunächst abklären, ob seine Kundschaft an solchen Bikes interessiert ist und ob er allenfalls seinen Kundenkreis ausbauen kann. Des Weiteren muss er kalkulieren, wie hoch der Warenaufwand der Bikes sein wird, ob der von ihm normalerweise einkalkulierte Bruttogewinnzuschlag von 25 % zum Decken der Gemeinkosten ausreicht und wie viel er für die E-Downhill-Mountainbikes verlangen muss, damit sich die Sortimentserweiterung lohnt, das heisst, damit er seine Gewinnerwartungen erreichen kann.

A E-Aufgaben 1 bis 5, W-Aufgaben 6 bis 14

10.2 Kalkulation und Marketing

→ 1. Semester BWZ Kapitel 6

Ein Unternehmen muss für die Preise seiner Produkte die Marktsituation berücksichtigen. Die entscheidende Frage ist, zu welchem Preis (Nettoerlös) der gewünschte Absatz erreicht werden kann. Man unterscheidet zur Beurteilung der Preisbildung zwischen einem Käufermarkt (wettbewerbs- oder nachfrageorientiert) und einem Verkäufermarkt (kostenorientiert).

Käufermarkt – abbauende Kalkulation

Als **Käufermarkt** wird ein Markt bezeichnet, in dem die Unternehmen auf die **Preisvorstellungen der Käufer** eingehen müssen. In einem Käufermarkt beeinflusst der Preis in einem grossen Ausmass den Kaufentscheid und meist ist das **Angebot grösser als die Nachfrage**. Dies führt zu einem Konkurrenzkampf unter den unterschiedlichen Anbietern, welcher sich auf die Preise auswirkt. Typische Käufermärkte findet man bei Produkten, welche unspezifische und leicht kopierbare Massenprodukte (Autos, Grundnahrungsmittel, Papier, Körperpflegeprodukte usw.) sind. Der **Verkaufspreis** ist für Unternehmen in einem Käufermarkt die wichtigste Orientierung für ihre Kosten und Gewinnaussichten. In diesem Zusammenhang kennt man den Begriff «**Target Costing**» (Zielkostenrechnung), das heisst, man setzt einen maximalen Verkaufspreis fest und rechnet nachher retour zum Einstand. Dies nennt man eine **abbauende Kalkulation**. In einem Käufermarkt versuchen Unternehmen, mit Marketing und Dienstleistungen einen höheren Verkaufspreis zu realisieren.

Finanzwirtschaftliche Zusammenhänge

Beispiel Eine Handelsfirma möchte ein neues Smartphone anbieten und mit einem Verkaufspreis (exkl. MWST) von CHF 322 ihre Konkurrenz angreifen. Was ist der höchstmögliche Einstandspreis, wenn die Handelsfirma mit einem Gemeinkostenzuschlagssatz von 40% und einem Reingewinnzuschlag von 15% rechnet?

Abbauende Kalkulation

Bezeichnung	Betrag	Prozent	Prozent
Verkaufspreis (exkl. MWST)	322	115%	
− Reingewinn	42	15%	
= Selbstkosten	280	100%	→ 140%
− Gemeinkosten	80		40%
= Einstandspreis (Warenaufwand)	200		100%

Um den gesetzten Verkaufspreis (exkl. MWST) von CHF 322 bei gegebener Kostenstruktur und Gewinnvorstellung zu realisieren, darf das Smartphone im Einkauf nicht mehr als CHF 200 kosten.

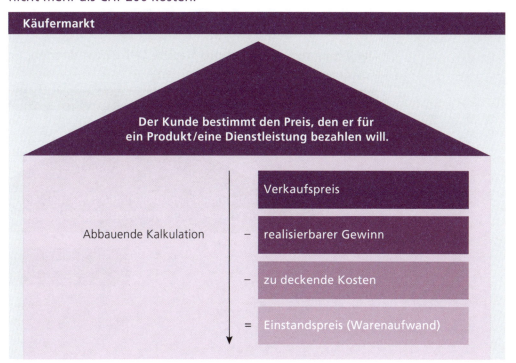

Verkäufermarkt – aufbauende Kalkulation

Als **Verkäufermarkt** wird ein Markt bezeichnet, in welchem das Unternehmen eine grössere **Freiheit in der Preisgestaltung** hat. In solchen Märkten ist das **Angebot kleiner als die Nachfrage** und deshalb haben Preisänderungen nicht die gleich starken Auswirkungen wie bei einem Käufermarkt. Der Preis ist in diesen Märkten nicht der wichtigste Kaufgrund. Typische Beispiele für Verkäufermärkte sind Märkte, in denen ein Unternehmen ein Monopolist (einziger Anbieter eines Produktes) ist oder es sich um Luxusartikel (z.B. Schmuck, Bordeaux-Wein, Kaviar usw.) handelt.

Warenkalkulation

Im Verkäufermarkt rechnet man typischerweise mit einer **aufbauenden Kalkulation**, man addiert zum Einstandswert die Gemeinkosten und den gewünschten Reingewinn und setzt den entsprechenden Verkaufspreis fest.

Beispiel Eine Weinhandlung importiert einen Spitzen-Bordeaux-Wein aus Frankreich zum Einstandspreis von CHF 150 pro Flasche. Diese Weinhandlung hat einen exklusiven Vertrag mit ihrem Lieferanten und ist somit der einzige Anbieter dieses Weines in der Schweiz. Das Unternehmen rechnet mit einem Gemeinkostenzuschlag von 30% und möchte einen Reingewinnzuschlag von 40% erzielen. Wie hoch ist der Verkaufspreis für eine Flasche?

Aufbauende Kalkulation

Bezeichnung	Betrag	Prozent	Prozent
Einstandspreis (Warenaufwand)	150	100%	
+ Gemeinkosten	45	30%	
= Selbstkosten	195	130%	→ 100%
+ Reingewinn	78		40%
= Verkaufspreis	273		140%

Die Weinhandlung muss pro Flasche CHF 273 verlangen, um ihren Gewinn- und Kostenvorgaben gerecht zu werden.

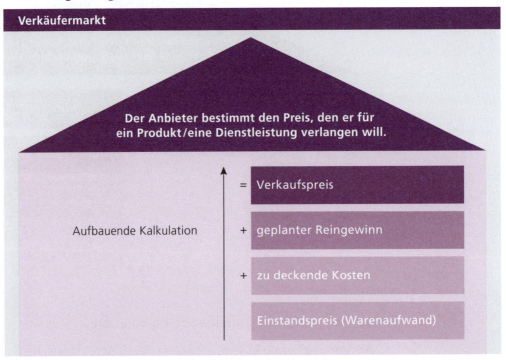

A E-Aufgaben 15 und 16, W-Aufgaben 17 und 18

Finanzwirtschaftliche Zusammenhänge

Leistungsziele

1.5.1.2 Buchhaltung des Warenhandelsbetriebs

- Ich verbuche typische Geschäftsfälle des Warenhandels mit Rabatten, Skonti, Bezugskosten, Sonderverkaufskosten und MWST. Ich führe die Konten «Handelswarenaufwand», «Handelserlös» und «Vorrat Handelswaren» (als ruhendes Konto).
- Ich erkläre die folgenden Grössen und zeige deren Bedeutung für die Preisgestaltung auf:
  - Handelswarenaufwand
  - Nettoerlös
  - Bruttogewinn, Bruttogewinnzuschlag
  - Selbstkosten, Gemeinkosten, Reingewinn
- Ich beschreibe den Aufbau einer Erfolgsrechnung eines Warenhandelsbetriebs mit den Grössen Bruttogewinn und Betriebserfolg. Ich erkläre die Ergebnisse.

Diese Leistungsziele werden mit den Kapiteln 8 und 10 abgedeckt.

Warenkalkulation

E 10.1 Betriebliche Kalkulation

1. Kalkulationsschema ausfüllen, Kenngrössen berechnen

a) Ein Handelsunternehmen handelt mit Designerlampen. Der Einstandspreis einer Lampe beträgt CHF 350. Das Unternehmen rechnet mit einem Gemeinkostensatz von 110% und einem Reingewinnzuschlag von 6%. Vervollständigen Sie das unten stehende Kalkulationsschema.

Bezeichnung	Betrag	Prozent	Prozent
Einstandspreis (Warenaufwand)	350.00	100%	44.92%
+ Gemeinkosten	385.00	110%	49.42%
= Selbstkosten	735.00	210%	94.34%
+ Reingewinn	44.10	12.6%	5.66%
= Nettoerlös	779.10	222.6%	100%

b) Berechnen Sie den Bruttogewinn und den Bruttogewinnzuschlag für diese Designerlampe.

Bezeichnung	Betrag	Prozent
Einstandspreis (Warenaufwand)	350.00	100%
+ Bruttogewinn	429.10	122.6%
= Nettoerlös	779.10	222.6%

2. Kalkulationsschema ergänzen

Ergänzen Sie das folgende Kalkulationsschema mit den entsprechenden Begriffen und Beträgen.

Bezeichnung	Betrag	Prozent	Prozent
Einstandspreis (Warenaufwand)	4 950.00	100%	
+ Gemeinkosten	6 930.00	140%	
= Selbstkosten	11 880.00	240%	92%
+ Reingewinn	1 033.04	20.87%	8%
= Nettoerlös	12 913.04	260.87%	100%

Finanzwirtschaftliche Zusammenhänge

3. Nettoerlös und Bruttogewinnzuschlag

Der Einstandspreis des Produktes XLP2 beträgt CHF 275.

a) Berechnen Sie den Nettoerlös, wenn der Gemeinkostenzuschlag 40% ist und der Reingewinnzuschlag 25% beträgt.

Bezeichnung	Betrag	Prozent	Prozent

b) Berechnen Sie für das Produkt XLP2 den Bruttogewinnzuschlag (Bruttogewinn in Prozenten des Warenaufwands).

4. Kalkulationssystematik ergänzen

Ergänzen Sie die Grafik mit den fehlenden Begriffen.

Betriebliche Kalkulation

Warenaufwand — Selbstkosten — Nettoerlös — Warenaufwand

Warenkalkulation

5. Zuschlagssätze berechnen und anwenden

Die Möbel Kaufmann AG erstellt für das Jahr 20_4 folgende zusammengefasste Erfolgsrechnung:

Aufwand	Erfolgsrechnung Möbel Kaufmann AG 20_4		Ertrag
Handelswarenaufwand	310 000	Handelserlöse	465 000
Gemeinaufwand	93 000		
Betriebsgewinn	62 000		
	465 000		465 000

a) Berechnen Sie aufgrund der Erfolgsrechnung 20_4 die folgenden Kalkulationsprozentsätze (auf zwei Dezimalen runden).

Kalkulationssatz	Berechnung	Resultat
Gemeinkostenzuschlag (Gemeinkosten in % des Warenaufwands)		
Reingewinnzuschlag (Betriebsgewinn in % der Selbstkosten)		
Bruttogewinnzuschlag (Bruttogewinn in % des Warenaufwands)		

b) Die Möbel Kaufmann AG nimmt 20_5 einen neuen Designertisch, den sie zum Einstandspreis von CHF 4 500 erhält, ins Sortiment auf. Welchen Preis muss sie verlangen, wenn sie mit den Kalkulationssätzen des Vorjahres rechnet? Berechnen Sie den Nettoerlös ein- und zweistufig (Zwischen- und Endresultat auf Ganze runden).

Berechnung mit ausführlichem Kalkulationsschema (zweistufig)

Bezeichnung	Betrag in CHF	Prozent	Prozent

Berechnung unter Verwendung des Bruttogewinnzuschlags (einstufig)

Bezeichnung	Betrag in CHF	Prozent

c) Die Möbel Kaufmann AG will das Schreibpult N 567 zum gleichen Preis wie die Konkurrenz, für CHF 1300, verkaufen. Welchen Einstandspreis wird sie höchstens bezahlen können, wenn sie mit den Kalkulationssätzen von 20_4 rechnet (mit ganzen Beträgen rechnen)?

Bezeichnung	Betrag in CHF	Prozent

W 10.1 Betriebliche Kalkulation

6. Kalkulationssystematik ergänzen

Ergänzen Sie die Grafik mit den fehlenden Begriffen. Die Teilgrössen pro Spalte müssen zusammen jeweils den Nettoerlös ergeben.

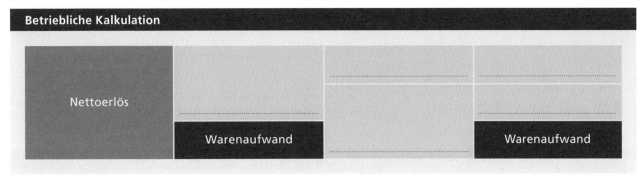

7. Kalkulationsschema erstellen und Bruttogewinnzuschlag berechnen

a) Ein Handelsunternehmen handelt mit Feuerlöschern. Der Einstandspreis beträgt CHF 110. Das Unternehmen rechnet mit einem Gemeinkostensatz von 120% und einem Reingewinnzuschlag von 15%. Berechnen Sie den Nettoerlös für diesen Feuerlöscher.

Bezeichnung	Betrag	Prozent	Prozent

Warenkalkulation

b) Berechnen Sie den Bruttogewinn und den Bruttogewinnzuschlag für diesen Feuerlöscher.

Bezeichnung	Betrag	Prozent

8. Nettoerlös berechnen

Die Ware HAPPY-DOGFOOD kostet im Einkauf CHF 35 (Einstandspreis). Berechnen Sie den Nettoerlös dieser Ware, wenn der Bruttogewinnzuschlag 70% betragen soll.

Bezeichnung	Betrag	Prozent

9. Nettoerlös und Bruttogewinnzuschlag berechnen

a) Der Einstandspreis für ein Hightech-Soundsystem beträgt CHF 4550. Berechnen Sie den Nettoerlös, wenn der Gemeinkostenzuschlag 60% und der Reingewinnzuschlag 35% betragen.

Bezeichnung	Betrag	Prozent	Prozent

b) Berechnen Sie für das Hightech-Soundsystem den Bruttogewinnzuschlag.

10. Kalkulationsschema mit MWST ergänzen

Ergänzen Sie das folgende Kalkulationsschema mit den entsprechenden Begriffen und Beträgen.

Bezeichnung	Betrag	Prozent	Prozent
Einstandspreis (Warenaufwand)	2434.55	100%	
+ Gemeinkosten	3164.90		
= Selbstkosten			→ 100%
= Nettoerlös exkl. MWST			← 105%
+ Mehrwertsteuer			
= Nettoerlös inkl. MWST			107,7%

11. Einzelne Grössen der Kalkulation berechnen

Berechnen Sie die fehlenden Grössen.

Waren-aufwand	Gemeinkosten		Selbst-kosten (SK)	Reingewinn		Nettoerlös	Brutto-gewinn in CHF
	in CHF	in % EW		in CHF	in % SK		
5000			8000			10000	
400				200			600
		140%	16800		−25%		
	45		75			90	
50		100%					20

Warenkalkulation

12. Aus Ankauf in Euro Nettoerlös inkl. MWST berechnen

Die Handelsfirma MALSE AG importiert Maschinen aus Italien. Der italienische Hersteller offeriert einen Preis von EUR 25 000 je Maschine. Die Eurokurse lauten auf Kauf 1.13, Verkauf 1.17. Die MALSE AG rechnet mit einem Bruttogewinnzuschlag von 120 %. Berechnen Sie den Nettoerlös inkl. 7,7 % MWST für eine Maschine.

Bezeichnung	Betrag	Prozent	Prozent
Warenaufwand in EUR			
Warenaufwand in CHF			

13. Kalkulationen vergleichen

Die Digex AG ist ein Handelsunternehmen für Präzisionsmaschinen, welche in der Pharmaindustrie eingesetzt werden. Das Unternehmen überlegt sich, ein neues Druckmessgerät in das Sortiment aufzunehmen.

a) Das Druckmessgerät kann für CHF 12 690 (Einstandswert) eingekauft werden. Die Digex AG rechnet mit einem Gemeinkostenzuschlag von 70 % und einem Reingewinnzuschlag von 15 %. Berechnen Sie den Nettoerlös. Die einzelnen Schritte Ihrer Kalkulation sollen mithilfe des vollständig beschrifteten Kalkulationsschemas nachvollziehbar sein. Die Prozentwerte sind ebenfalls anzugeben.

Bezeichnung	Betrag	Prozent	Prozent

b) Ein Konkurrenzunternehmen der Digex AG bietet ein ähnliches Produkt zum Nettoerlös von CHF 24 384 an. Es wird angenommen, dass dieses Unternehmen mit einem Reingewinnzuschlag von 20 % rechnet. Berechnen Sie den Gemeinkostenzuschlag, wenn dieses Produkt zum Einstandspreis von CHF 12 700 erhältlich ist.

Bezeichnung	Betrag	Prozent	Prozent
Einstandspreis	12 700	100 %	
+ Gemeinkostenzuschlag	7 620	60 %	
= Selbstkosten	20 320		100 %
+ Reingewinnzuschlag	4 064		20 %
= Nettoerlös	24 384		120 %

c) Erläutern Sie in mindestens drei Sätzen die wichtigsten Unterschiede zwischen den zwei Kalkulationen.

d) Nennen Sie je einen Grund für und gegen eine Aufnahme des Druckmessgerätes ins Sortiment.

Warenkalkulation

14. Berechnen und Anwenden der Kalkulationssätze

Das Handelsunternehmen Stawo GmbH weist die folgende Erfolgsrechnung aus.

Aufwand	Erfolgsrechnung	Ertrag	
Handelswarenaufwand	135 500	Handelserlöse	420 000
Lohnaufwand	123 400		
Raumaufwand	78 000		
Werbeaufwand	22 800		
Sonstiger Betriebsaufwand	4 850		
Abschreibungen	25 800		
Finanzaufwand	550		
Gewinn	29 100		
	420 000		420 000

a) Berechnen Sie für die Kalkulation die folgenden Grössen:

Kalkulationsgrösse	Berechnung (Prozentzahlen auf eine Kommastelle)
Gemeinkosten in CHF	123 400 + 78 000 + 22 800 + 4 850 + 25 800 + 550 = 255 400
Gemeinkostenzuschlag (Gemeinkosten in Prozenten des Warenaufwands)	255 400 / 135 500 × 100 = 188.5 %
Bruttogewinnzuschlag (Bruttogewinn in Prozenten des Warenaufwands)	(420 000 − 135 500) / 135 500 × 100 = 210.0 %
Selbstkosten in CHF	135 500 + 255 400 = 390 900
Reingewinnzuschlag (Betriebsgewinn in Prozenten der Selbstkosten)	29 100 / 390 900 × 100 = 7.4 %

b) Die Stawo GmbH nimmt ein neues Produkt in ihr Sortiment auf. Berechnen Sie auf zwei Arten, wie hoch sie den Verkaufspreis (Nettoerlös) ansetzen muss, wenn sie mit den in a) ermittelten Kalkulationssätzen rechnet? Der Warenaufwand beträgt CHF 350.

c) Wie hoch dürfte der Warenaufwand höchstens sein, wenn der Verkaufspreis nicht mehr als CHF 1000 betragen darf? (auf ganze CHF runden)

E 10.2 Kalkulation und Marketing

15. Kalkulation einer Kunstgalerie

Die Zürcher Kunstgalerie ZHart's AG kauft ein Bild von einem bekannten Künstler zum Einstandspreis von CHF 95 500.

a) Handelt es sich beim Kunstmarkt von bekannten Künstlern um einen Käufer- oder Verkäufermarkt?

Verkäufermarkt (das Angebot ist begrenzt, die Nachfrage übersteigt das Angebot).

b) Berechnen Sie den Nettoerlös für das Bild, wenn die ZHart's AG mit einem Bruttogewinnzuschlag von 50 % rechnet.

Bezeichnung	Betrag	Prozent
Einstandspreis	95 500.00	100 %
+ Bruttogewinn	47 750.00	50 %
Nettoerlös	143 250.00	150 %

c) Wie hoch ist der Reingewinn, wenn der Gemeinkostenzuschlagssatz 30 % beträgt?

Bezeichnung	Betrag	Prozent
Einstandspreis	95 500.00	100 %
+ Gemeinkosten	28 650.00	30 %
Selbstkosten	124 150.00	130 %
+ Reingewinn	19 100.00	20 %
Nettoerlös	143 250.00	150 %

16. Kalkulation von Preisen für Tierfutter

Das Unternehmen PETFOOD GmbH handelt mit Tiernahrungsmitteln. Die Ware SLOPPY-CATY soll neu lanciert werden.

a) Handelt es sich beim Tiernahrungsmittelmarkt um einen Käufer- oder Verkäufermarkt?

b) Die Konkurrenz bietet ein ähnliches Produkt zu einem Verkaufspreis von CHF 24.70 an. Dieser Nettopreis muss aus Wettbewerbsgründen übernommen werden. Berechnen Sie, zu welchem Maximalpreis die Ware SLOPPY-CATY beschafft werden kann. Der Bruttogewinnzuschlag des Unternehmens von 30% darf nicht unterschritten werden.

Bezeichnung	Betrag	Prozent

W 10.2 Kalkulation und Marketing

17. Kalkulation von Medikamentenpreisen

Die Sparte «patentgeschützte Medikamente» des Pharmakonzerns FITA AG hat die Zulassung für das Krebsmedikament Nila5 erhalten.

a) Handelt es sich beim patentgeschützten Medikamentenmarkt um einen Käufer- oder Verkäufermarkt?

b) Berechnen Sie den Nettoerlös inkl. 2,5% MWST pro 10 Tabletten Nila5, wenn der Pharmakonzern mit einem Gemeinkostenzuschlag von 450% und einem Reingewinnzuschlag von 15% rechnet. Die Produktionsabteilung verrechnet der Sparte «patentgeschützte Medikamente» pro 10 Tabletten Produktionskosten von CHF 25.

Bezeichnung	Betrag	Prozent	Prozent

Warenkalkulation

18. Kalkulation von Preisen für Generika

Die Sparte «Generika» des Pharmakonzerns FITA AG prüft, ob sich der Verkauf des Schmerzmittels «Calme A» rentieren würde. Generika sind Medikamente, welche nicht (mehr) patentgeschützt sind.

a) Handelt es sich beim Generikamarkt um einen Käufer- oder Verkäufermarkt?

---

b) Berechnen Sie den möglichen Reingewinn für 10 Tabletten «Calme A», wenn der Konzern mit einem Gemeinkostenzuschlag von 20% rechnet und der Verkaufspreis netto nicht höher als CHF 19.35 sein darf, um den gewünschten Umsatz zu erzielen. Die Produktionsabteilung verrechnet der Sparte «Generika» pro 10 Tabletten Produktionskosten von CHF 15.

Bezeichnung	Betrag	Prozent	Prozent

9 Betriebswirtschaftliche Zusammenhänge
Finanzierung und Kapitalanlage

Inhaltsverzeichnis

		Theorie	Aufgaben
9.1	Finanzierungsziele und Finanzierungsarten	**104**	116
9.2	Kreditgewährung und Kreditarten	**106**	118
9.3	Aktien, Obligationen, Fondsanteile	**108**	123
9.4	Anlagestrategien	**112**	131

Leistungsziele	115

9 Finanzierung und Kapitalanlage

Einführungsfall

Maya Braun hat vor vier Jahren mit 21 000 Franken Eigenkapital die Maya Braun Party Services gegründet. Sie bietet im Raum Basel einen mobilen Partyservice an: Kalte Speisen, Getränke, Tischtücher, Geschirr und Gläser liefert sie den Kunden frei Haus.

Das Unternehmen ist gut ausgelastet und dieses Jahr wurde zum ersten Mal ein Gewinn von 9000 Franken erwirtschaftet. Das Unternehmen verfügt zurzeit über flüssige Mittel von 16 000 Franken. Maya Brauns Mutter hat zu Beginn ein langfristiges Darlehen von 15 000 Franken gewährt.

Um mehr Gewinn zu erzielen, will Maya Braun das Geschäft erweitern. Mit einem zusätzlichen Fahrzeug und einem Mitarbeitenden können mehr Kunden beliefert werden. Der Kapitalbedarf für den Autokauf wird auf 18 000 Franken geschätzt. Welche Möglichkeiten hat die Eigentümerin, sich das Geld zu beschaffen?

9.1 Finanzierungsziele und Finanzierungsarten

→ 1. Semester Kapitel 3 und 5

Nachdem ein Unternehmen seine Markt- und Produktziele festgelegt und die benötigten Betriebsmittel bestimmt hat, weiss es, wie viel Geld dafür benötigt wird. Dies ist sein Kapitalbedarf. Es muss dann entscheiden, wie das Geld beschafft werden soll. Die Kapitalbeschaffung wird **Finanzierung** genannt.

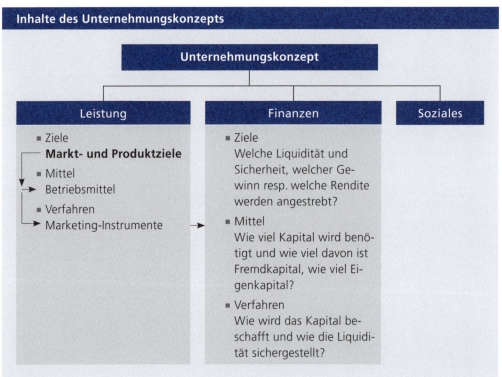

Die Finanzierungsarten beschreiben die unterschiedlichen Möglichkeiten, Kapital zu beschaffen.

Je nach Tätigkeit und Grösse des Unternehmens sind die Höhe des Kapitalbedarfs und die konkreten Möglichkeiten der Beschaffung verschieden.

Grundsätzliche Möglichkeiten der Finanzierung

Das Unternehmen beschafft sich Kapital.

Vermögen

Kapital
- **Fremdfinanzierung**
  Kreditfinanzierung
  - kurzfristig
  - langfristig
- **Eigenfinanzierung**
  - Beteiligungsfinanzierung
  - Selbstfinanzierung

Fremdkapital-gebende

Eigenkapital-gebende

Bei der **Fremdfinanzierung** stellen Fremdkapitalgebende zu einem im Voraus festgelegten Zeitraum Geld zur Verfügung. Sie erwarten dafür ein festes Entgelt (Zins) und die Rückzahlung des Kapitals am Ende der Laufzeit, also bei Fälligkeit.
Die Fremdkapitalgebenden werden zu **Gläubigern** des Unternehmens. Je nach Laufzeit wird zwischen **kurz-** und **langfristiger Fremdfinanzierung** unterschieden.

Beispiel Lieferantenkredite und der Kontokorrentkredit gehören zur kurzfristigen Fremdfinanzierung, während zur langfristigen Fremdfinanzierung die Aufnahme von Darlehen und Hypotheken zählen.

Bei der **Eigenfinanzierung** unterscheidet man zwischen **Beteiligungsfinanzierung** und **Selbstfinanzierung**.

- **Beteiligungsfinanzierung**: Eigenkapitalgebende stellen zusätzliches Kapital zur Verfügung.

Beispiel Beim Einzelunternehmen erhöht der Eigentümer die Kapitaleinlage aus seinem Privatvermögen. Bei der Aktiengesellschaft werden neue Aktien herausgegeben (emittiert).

- **Selbstfinanzierung**: GmbH und AG müssen gemäss Obligationenrecht (OR) aus erwirtschafteten Gewinnen Reserven bilden. Die Reserven gehören zum Eigenkapital des Unternehmens.

Beispiel Die Berg AG weist aus den 50 000 Franken Gewinn 2500 den gesetzlichen Reserven zu. Es kommen höchstens 47 500 Franken zur Auszahlung, 2500 bleiben im Unternehmen.

Finanzierung und Kapitalanlage

Lösung Einführungsfall

Maya Braun kann sich wie folgt Kapital beschaffen:
- Beteiligungsfinanzierung, wenn sie aus ihrem Privatvermögen eine Kapitaleinlage macht
- Langfristige Fremdfinanzierung, wenn das Unternehmen z. B. einen weiteren Darlehenskredit aufnehmen würde

A E-Aufgabe 1, W-Aufgabe 2

9.2 Kreditgewährung und Kreditarten

9.2.1 Kreditgewährung

Aktivgeschäft der Banken

Banken haben die Aufgabe, Kredite zu vermitteln (Aktivgeschäft). Schuldner erhalten Geld und bezahlen der Bank dafür Zinsen (Sollzinsen). In der Schweiz werden jährlich über 890 Milliarden Franken Kredite vergeben. Das Geld, welches Banken als Kredite vergeben, entspricht den Spareinlagen der Kunden, die ihr Geld auf Sparkonten halten. Das Entgegennehmen von Geldern stellt das Passivgeschäft der Bank dar.

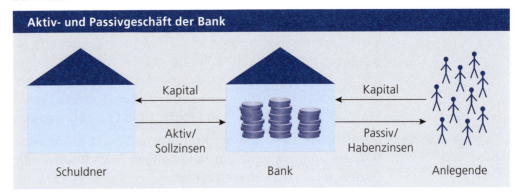

A E-Aufgabe 3

Prozess der Kreditvergabe

Das Kreditgeschäft kennt drei Phasen, wobei zuerst die **Kreditprüfung** stattfindet. Im Rahmen der Kreditprüfung wird die **Bonität** der Kreditnehmer, d. h. die **Kreditfähigkeit** und die **Kreditwürdigkeit**, untersucht.

Kreditfähigkeit besteht, wenn der Kreditnehmer in der Lage ist, den Kredit zurückzuzahlen. Dies wird bei Unternehmen anhand der Konkurrenzfähigkeit der Produkte, der Marktstellung und der finanziellen Entwicklung des Unternehmens beurteilt. Jahresabschlüsse, Budget für das Folgejahr, Informationen von Amtsstellen (wie Handelsregister-, Steuer- und Betreibungsamt) und Angaben über die Entwicklung der Branche werden eingefordert.

Mit der **Kreditwürdigkeit** wird der Wille des Kreditnehmers beurteilt, den Kredit zurückzuzahlen. Dabei werden die menschlichen und unternehmerischen Qualitäten der Geschäftsleitung eingeschätzt.

Nimmt die Bank das Kreditgesuch an, kommt es zur **Kreditbewilligung** mit der Unterzeichnung der nötigen Verträge.

In der Phase der **Kreditüberwachung** verfolgt die Bank die Einhaltung der vertraglichen Bedingungen wie Zinszahlungen und Amortisationen (Rückzahlungen) sowie die Geschäftsentwicklung des Unternehmens weiter.

A E-Aufgabe 4

9.2.2 Sicherheiten für Kreditarten

Unternehmen können **ungedeckte**, sog. **kommerzielle Blankokredite**, oder **gedeckte Kredite** beantragen.

Kommerzielle Blankokredite werden nur Unternehmen gewährt, die als erstklassige Schuldner gelten, denn beim Blankokredit haftet das Unternehmen mit seinem Gesamtvermögen. Die Höhe des Kredits ist begrenzt auf einen gewissen Anteil des Eigenkapitals und des Jahresumsatzes. Das Unternehmen wird einer **Bonitätsprüfung** unterzogen, in welcher die Kreditfähigkeit und die Kreditwürdigkeit geprüft werden.

Gedeckte Kredite werden gegen zusätzliche Sicherheiten vergeben. Beim **Hypothekarkredit** besteht die Sicherheit in Form eines Grundpfands. Dafür eignen sich Grundstücke, Liegenschaften oder Stockwerkeigentum. Das Grundpfand muss im Grundbuch eingetragen werden.

Beispiel Die Bank gewährt Hypothekarkredite, wobei ein Grundstück mit mehreren Hypotheken belehnt werden kann. Die Hypothek im 1. Rang wird als sicherste bezeichnet, da sie im Fall einer Pfändung zuerst zurückbezahlt wird. Dann folgen Hypotheken im 2. resp. 3. Rang.

A E-Aufgaben 5 und 6, W-Aufgaben 7 und 8

9.3 Aktien, Obligationen, Fondsanteile

Einführungsfall Sebastian Brüderle hat von seiner Grossmutter 120 000 Franken geerbt und auf ein Sparkonto einbezahlt. Da er das Geld in den nächsten fünf Jahren nicht benötigt, überlegt er sich, ob das Geld nicht einen besseren Ertrag erwirtschaften könnte als den Sparzins. Welche Möglichkeiten hat Sebastian Brüderle?

Aktien und Obligationen sind **Wertpapiere**, die man als Privatperson kaufen kann. Da sie Urkunden sind, hat der Besitzer je nach Art des Wertpapiers unterschiedliche Rechte. Das wohl wichtigste Recht ist, dass er sie auch verkaufen kann. Ihr Preis wird Kurs genannt. Wertpapiere heissen auch **Effekten** und sind als Massenpapiere für den Börsenhandel geeignet. Sie sind fungibel, also beliebig austauschbar.

Kriterien		Merkmale	
		Aktien	Obligationen
Art des verbrieften Rechts		Beteiligungspapier	Forderungspapier
Art des Kapitals		Eigenkapital	Fremdkapital
Stellung im Unternehmen		Eigentümer	Gläubiger
Mitwirkungsrechte (Mitsprache)		Stimmrecht an der Generalversammlung	–
Vermögensrechte	Entschädigung	Anspruch auf Gewinnanteil (vom Geschäftsverlauf abhängige Dividende)	Anspruch auf festgelegten Zins
	Laufzeit/Rückzahlung	–	100%ige Rückzahlung zu pari (zum Nennwert) nach Ablauf der Laufzeit
	Liquidationserlös	Entschädigung nach Rückzahlung aller Schulden	Entschädigung im Rahmen des Konkursverfahrens
	Bezugsrecht	Bei Kapitalerhöhung	–

Merke Mit Aktien haben die Anlegenden Vermögens- und Mitwirkungsrechte, mit Obligationen nur Vermögensrechte.

A E-Aufgabe 9

9.3.1 Aktien

Bei der Gründung benötigt eine Aktiengesellschaft ein Mindestkapital, welches Aktienkapital heisst. Dieses besteht aus der Anzahl **Aktien**, die das Unternehmen herausgibt (emittiert), multipliziert mit deren Nennwert. Der **Nennwert** ist der auf dem Wertpapier angegebene Betrag.

Aktien sind **Beteiligungspapiere**, weil deren Besitzer Eigentümer resp. Miteigentümer einer Aktiengesellschaft sind und Mitwirkungs- und Vermögensrechte haben. **Kotierte Aktien** sind Aktien, die an der Börse gehandelt werden. Ihr Preis wird **Kurs** genannt, in Franken angegeben und bezieht sich auf eine Aktie (sog. **Stückkurs**). **Nicht kotierte Aktien** können auch verkauft werden, aber nicht an der Börse. Die Unternehmen, die sie ausgegeben haben, sind zu klein.

Merkmale von Aktien	
Die Aktiengesellschaft	▪ beschafft sich durch die Ausgabe (Emission) von Aktien Eigenkapital, welches unbefristet zur Verfügung steht. ▪ muss aus erzieltem Gewinn Reserven bilden und kann anschliessend den Aktionären Dividenden ausbezahlen.
Der Aktionär	▪ beteiligt sich als Investor an einer Aktiengesellschaft. Die Anzahl Aktien multipliziert mit deren Nennwert (auch Nominalwert) gibt dabei an, mit welchem Betrag er sich am Grundkapital beteiligt. Der Nennwert einer Aktie muss mind. einen Rappen betragen. ▪ hat an der Generalversammlung u.a. ein Stimmrecht. ▪ erhält unterschiedlich hohe Dividenden, die vom Geschäftsgang der Aktiengesellschaft abhängig sind. ▪ muss mit Kursschwankungen rechnen, was man **Volatilität** nennt. Der Kurs von kotierten Aktien ist abhängig von Angebot und Nachfrage an der Börse, vom Geschäftsgang eines Unternehmens und von der allgemeinen konjunkturellen Lage. ▪ hat bei einer Kapitalerhöhung ein Bezugsrecht von neuen Aktien zu einem festgelegten Kurs. ▪ trägt kein Geldwertrisiko (Geldentwertung bei Inflation), da der Wert des Unternehmens als Realwert den Aktien gegenübersteht. Hingegen trägt er das Risiko des Eigentümers: Wenn das Unternehmen Konkurs geht, verliert er alles oder zumindest einen Teil seines in Aktien investierten Kapitals.

A E-Aufgabe 10

Finanzierung und Kapitalanlage

9.3.2 Obligationen

Obligationen sind **Forderungspapiere**, weshalb deren Besitzer **Gläubiger** sind. Sie entstehen aus **Anleihen**, mit denen sich börsenkotierte Unternehmen, Banken oder Staaten Fremdkapital in Millionenhöhe beschaffen. Als Anleihe bezeichnet man also den Gesamtbetrag, der dann in Wertpapiere (Obligationen) mit Nennwert aufgeteilt wird. Der Nennwert (Nominalwert) der Obligation gibt an, welchen Betrag der Anleger vom Unternehmen bei Fälligkeit zurückbezahlt erhält.

Beispiel Die Clariant AG beschafft sich CHF 235 Mio. Fremdkapital und verkauft daraus Obligationen zu je CHF 5000 Nennwert. Die Anleihe (Gesamtverschuldung) beträgt also CHF 235 Mio., eine Obligation hat den Nominalwert von CHF 5000.

Es gibt verschiedene Formen von Obligationen, die sich in ihren speziellen Merkmalen unterscheiden. Nachfolgend werden die «klassischen» Obligationen aus Anleihe behandelt. Sie werden in der Folge Obligationen genannt.

Merkmale von Obligationen	
Der Emittent der Anleihe (Unternehmen, Bank, Staat)	▪ beschafft sich langfristig zur Verfügung stehendes Fremdkapital. ▪ teilt den Gesamtbetrag der Anleihe in Teilbeträge auf **(Stückelung)**, sodass die einzelne Obligation z.B. Nennwerte von CHF 1000, 5000 oder 10 000 haben. ▪ wählt eine **Laufzeit** zwischen 5 und 15 Jahren (Zeitraum zwischen Emissionsdatum und Fälligkeit). ▪ zahlt an einem festgelegten Termin den jährlichen Zins an die Obligationäre. ▪ zahlt den Gesamtbetrag bei Fälligkeit zu pari (zum Nennwert) zurück.
Der Obligationär	▪ stellt dem Emittenten für die vereinbarte Zeit Kapital zur Verfügung. ▪ erhält den festen Zins ausbezahlt. ▪ kann die Obligation jederzeit an der Börse verkaufen oder erhält nach Ablauf den Nennwert zu pari zurückbezahlt. ▪ trägt das Geldwertrisiko (Geldentwertung bei Inflation), weil der Obligation kein Realwert gegenübersteht. ▪ trägt das Risiko der Bonität des Schuldners: Bei Konkurs des Emittenten kann der Obligationär das ausgeliehene Kapital ganz oder teilweise verlieren. ▪ trägt das Risiko von Kursschwankungen. ▪ investiert sein Geld in relativ sichere Wertpapiere, da die Volatilität (Kursschwankung) geringer ist als bei Aktien.

A E-Aufgaben 11 und 12

9.3.3 Fondsanteile

Fondsanteile stellen den verbrieften Anspruch an einem Teil eines von einer Investementgesellschaft (z.B. Bank) verwalteten Fondsvermögens dar. Sie sind keine Wertpapiere im rechtlichen Sinn; können aber wie Wertpapiere gehandelt werden und sind an der Börse kotiert.

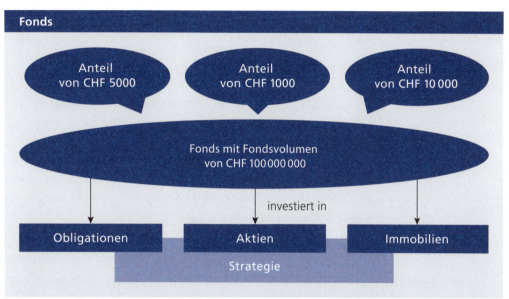

Merkmale von Fondsanteilen	
Eine Fondsgesellschaft oder eine Bank	▪ legt einzeln oder gemeinsam einen Fonds auf und sammelt durch den Verkauf von Anteilen Kapital. ▪ legt das gesamte Kapital entsprechend den Zielen, die im Reglement festgelegt sind, in Wertpapieren an. ▪ bietet u.a. Aktien-, Immobilien- oder Strategiefonds an. ▪ verwaltet den Fonds professionell und will durch Handel mit Wertpapieren an der Börse das Fondsvermögen steigern, womit der Anteil jedes Anlegers an Wert gewinnt. ▪ untersteht einer Aufsichtsbehörde.
Der Käufer des Fondsanteils	▪ erwirbt einen Anteil am Fondsvermögen. ▪ verringert damit sein Risiko, weil das Fondsvermögen in verschiedene Wertpapiere angelegt ist, was **Diversifikation** genannt wird. ▪ steuert durch die Wahl des Fonds, ob er ein grösseres oder ein kleineres Risiko eingehen will. Ein Aktienfonds hat z.B. eine höhere Volatilität als ein Obligationenfonds. ▪ kann die Fondsanteile an der Börse verkaufen. ▪ kann mit wenig Geld und reduziertem Risiko Kapital in Wertpapieren anlegen. ▪ zahlt Gebühren für das Fondsmanagement, was den Ertrag schmälert.

A E-Aufgabe 13, W-Aufgaben 14 bis 20

9.4 Anlagestrategien

Anlagestrategien beschreiben Wege und Möglichkeiten, Vermögen zu verwalten und mit Geld gesetzte Anlageziele zu erreichen. Dazu wird die Anlagestrategie bestimmt und das Geld in unterschiedliche Anlageinstrumente wie Sparkonten, Obligationen, Aktien oder Fonds investiert.

9.4.1 Anlageziele

Anlageziele beschreiben vier unterschiedliche Absichten bei der Anlage von Geld.
- **Rendite** erzielen bedeutet, dass man mit dem Geld Ertrag erwirtschaften will.
- **Liquidität** bedeutet, dass das angelegte Geld jederzeit für Ausgaben zur Verfügung stehen soll, also flüssig sein soll.
- **Sicherheit** bedeutet, dass das Geld nicht an Wert verlieren soll.
- **Nachhaltige Verantwortung** bedeutet, dass das Geld für Projekte genutzt werden soll, die kommenden Generationen die Chancen auf Selbstbestimmung bewahren. Insbesondere geht es um Unternehmen, welche soziale und ökologische Ziele stärker verfolgen als minimal notwendig.

→ 1. Semester 2.2

Kein Anlageinstrument erfüllt diese Ziele gleichzeitig. Bei liquiden (flüssigen) Instrumenten verzichtet der Anleger auf Rendite, für mehr Rendite verzichtet der Anleger auf Sicherheit. Man spricht vom **magischen Anlageviereck**, weil sich die Anlageziele nicht gleichzeitig maximal erreichen lassen. Die Anlageziele stehen in einem **Zielkonflikt** zueinander.

So müssen die Anlegenden entscheiden, welches Ziel sie hauptsächlich verfolgen wollen und welche Ziele weniger wichtig sind. Wenn die Rendite oberstes Ziel ist, verlieren Sicherheit, Liquidität und nachhaltige Verantwortung an Bedeutung.

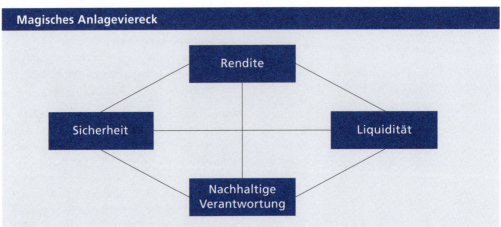

Beispiel Mögliche Anlagekonflikte bei:
- Liquidität ↔ Rendite: Je langfristiger Geld angelegt ist (Liquidität sinkt), umso höhere Zinsen wirft sie ab (Rendite steigt).
- Sicherheit ↔ Rendite: Bei der Anlage in Aktien ist die Sicherheit gering, aber die Chance auf Gewinne durch Kurssteigerungen (Rendite) nimmt zu.
- Sicherheit ↔ Liquidität: je nach Kapitalanlage: Der Kauf einer Liegenschaft gilt als sichere Anlage, aber das Geld ist solange angelegt, bis ein Käufer gefunden ist (Liquidität gering).

- Rendite ↔ nachhaltige Verantwortung: Werden Aktien gekauft, welche höchste Rendite bringen sollen, tritt das Anlageziel nachhaltiger Verantwortung in den Hintergrund.

A E-Aufgaben 21 und 22

Das Vermögensportfolio

Ein **Portfolio** zeigt auf, wie das Vermögen einer Person aufgebaut sein kann, um das Risiko durch Streuung in verschiedene Anlageinstrumente zu senken. Dabei wird berücksichtigt, dass Anlageformen mit mehr Risiko (Gewinn- und Verlustchancen) weiter oben sind und in der Regel einen kleineren Teil des Portfolios ausmachen. In diesem Zusammenhang ist wichtig, zwischen in- und ausländischen Anlageinstrumenten zu unterscheiden, da Letztere ein **zusätzliches Wechselkursrisiko** aufweisen. Zudem ist das Risiko je nach Grösse des Unternehmens, von welchem Aktien gekauft werden, unterschiedlich hoch. Als **Blue-Chip-Aktien** gelten Aktien von grossen börsenkotierten Schweizer Unternehmen.

* nicht Gegenstand dieses Lehrmittels
** risikoabhängig vom Emittenten:
  - Blue Chips und Schweizer Anleihen mit relativ geringem Risiko
  - Wertpapiere vom Ausland und von KMU mit höherem Risiko

A E-Aufgabe 23

Finanzierung und Kapitalanlage

9.4.2 Anlagestrategien

Die Höhe des anzulegenden Betrags, der zeitliche **Anlagehorizont** sowie die **Risikofähigkeit** und **-bereitschaft** der Person werden abgeklärt. Darauf aufbauend sind die **Anlageziele** festgelegt.

Je länger der Anlagehorizont und je höher das Vermögen ist, desto mehr Risiken kann eine Person eingehen.

Die Anlagestrategien legen anteilsmässig fest, wie das Kapital investiert wird und wie sich das Portfolio je nach Zielsetzung zusammensetzen soll.

Mehr Sicherheit	→ konservative, einkommensorientierte Strategie
Mehr Rendite mit Sicherheit	→ ausgewogene Strategie
Mehr Rendite	→ dynamische, wachstumsorientierte Strategie

Ist die Anlagestrategie festgelegt, wird ein **Anlagevorschlag** für das Portfolio ausgearbeitet. Es wird festgelegt, welche Obligationen und welche Aktien gekauft werden. Besonders bei der dynamischen Strategie ist oft auch ein Anteil riskanter Papiere im Portfolio enthalten.

Im Anlagevorschlag wird auch berücksichtigt, dass das Kapital z. B. in Unternehmen und Projekte mit nachhaltiger Verantwortung angelegt wird.

Lösung Einführungsfall

Sebastian benötigt die 120 000 Franken in den nächsten fünf Jahren nicht. Er kann jede der drei Anlagestrategien wählen.

Er muss entscheiden, ob er selbst an der Börse Wertpapiere kaufen und verkaufen will oder ob er mit dem Geld Fondsanteile kauft.

Er könnte mehrere Fonds auswählen, u. a. auch Anteile eines Anlagestrategiefonds. Damit würde er z. B. eine wachstumsorientierte Strategie verfolgen, Profis würden für ihn die Anlagen tätigen, womit sich sein Aufwand und das Risiko verringern würden.

A E-Aufgabe 24, W-Aufgaben 25 bis 32

Betriebswirtschaftliche Zusammenhänge

Leistungsziele

1.5.2.9 Finanzierung und Kapitalanlage

- Ich erkläre die Merkmale und Besonderheiten der folgenden Wertpapiere bzw. Finanzierungsmöglichkeiten:
  - Aktie kotiert und nicht kotiert
  - Obligationen
  - Bankkredite und deren Modalitäten
    - Kontokorrent
    - Hypothekarkredit (inkl. Grundpfandrecht)
- Ich erkläre den Einsatz von Sparkonto, Aktien, Obligationen und Fonds als Anlagemöglichkeit. Ich beschreibe die Bedeutung der Anlagegrundsätze Liquidität, Sicherheit, Rentabilität, nachhaltige Verantwortung.

Finanzierung und Kapitalanlage

E 9.1 Finanzierungsziele und Finanzierungsarten

1. Finanzierungsarten

a) Vervollständigen Sie folgende Grafik mit den fehlenden Begriffen.

Übersicht

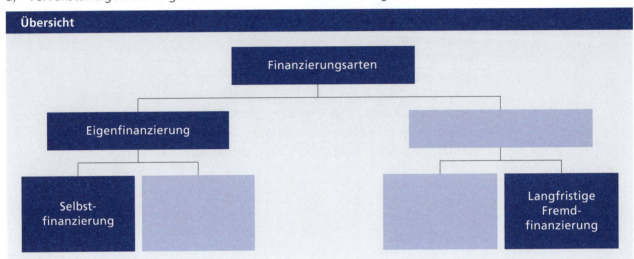

b) Notieren Sie Beispiele zu den Finanzierungsarten.

Finanzierungsart	Beispiele
Kurzfristige Fremdfinanzierung	
Langfristige Fremdfinanzierung	
Beteiligungsfinanzierung	
Selbstfinanzierung	

W 9.1 Finanzierungsziele und Finanzierungsarten

2. Finanzierungsart bestimmen

Kreuzen Sie an, um welche Finanzierungsarten es sich nachfolgend handelt (Mehrfachnennung möglich).

A Eigenfinanzierung
B Fremdfinanzierung
C Selbstfinanzierung
D Beteiligungsfinanzierung
E kurzfristige Fremdfinanzierung
F langfristige Fremdfinanzierung

Geschäftsfall	A	B	C	D	E	F	nichts
Der Inhaber bringt CHF 30 000 Ersparnisse in sein Unternehmen ein.	☒	☐	☐	☒	☐	☐	☐
Der Inhaber hat einen guten Kollegen, der ihm ein Bardarlehen von CHF 3000 zu 3 % mit Laufzeit von fünf Jahren gewährt.	☐	☒	☐	☐	☐	☒	☐
Mit der Bank kann der Inhaber vereinbaren, dass er auf dem Kontokorrentkonto eine Kreditlimite von CHF 10 000 erhält.	☐	☐	☐	☐	☐	☐	☒
Der Inhaber beansprucht die Kreditlimite und überzieht das Konto um CHF 2000.	☐	☒	☐	☐	☒	☐	☐
Die Naposol AG gibt bei der Gründung 100 Inhaberaktien zu nominal CHF 1000 heraus.	☒	☐	☐	☒	☐	☐	☐
Vom Jahresgewinn von CHF 13 500 werden 5 % Reserven gebildet.	☒	☐	☒	☐	☐	☐	☐
Die Inhaberinnen der T Global-Swiss GmbH vereinbaren eine Erhöhung der Stammeinlagen um je CHF 5000 und zahlen auf das Bankkonto ein.	☒	☐	☐	☒	☐	☐	☐

Finanzierung und Kapitalanlage

E 9.2 Kreditgewährung und Kreditarten

3. Arten von Bankgeschäften

Ordnen Sie folgende Aussagen den Kreditgeschäften einer Bank zu. Mehrfachnennungen sind möglich.

Aussage	Aktives Kreditgeschäft	Passives Kreditgeschäft	Keines von beiden
Die Bank tritt als Vermittlerin zwischen Anbietern und Nachfragern von Kapital auf.	☐	☐	☐
Die Bank erledigt alles Notwendige im Zusammenhang mit einer Kapitalerhöhung einer Aktiengesellschaft (Ausgabe von Aktien).	☐	☐	☐
Die Bank gewährt Paul Weber für sein Malergeschäft einen Kredit.	☐	☐	☐
Die Warenhandels AG überzieht ihr Kontokorrentkonto bis zur Kreditlimite von CHF 5000.	☐	☐	☐
Herrmann Klein wechselt am Bankschalter USD 500 für eine Geschäftsreise.	☐	☐	☐
Per Telefon erteile ich den Auftrag, dass die Bank für mich 50 ABB-Inhaberaktien kaufen soll.	☐	☐	☐
Ich beauftrage die Bank, meine Rechnungen per E-Banking zu bezahlen.	☐	☐	☐
Ich kaufe mit dem 13. Monatslohn für CHF 5000 Obligationen der Novartis AG.	☐	☐	☐
Ich zahle CHF 2900 auf mein Sparkonto ein.	☐	☐	☐
Ende Jahr finde ich auf dem Kontoauszug «Sollzinsen CHF 25».	☐	☐	☐

4. Prozess der Kreditvergabe

a) Schreiben Sie in der ersten Spalte die drei Phasen der Kreditgewährung auf und ordnen Sie die folgenden Aussagen den drei Phasen der Kreditgewährung zu, indem Sie die Buchstaben in der Spalte rechts eintragen.

   A Unternehmen legt Bilanz und Erfolgsrechnung des laufenden Jahres vor.
   B Es findet eine Betriebsbesichtigung statt.
   C Der pünktliche Eingang der Zinszahlung wird von der Bank vermerkt.
   D Das Unternehmen erhält CHF 100 000 auf dem Bankkonto gutgeschrieben.
   E Die Geschäftsführung erteilt Auskunft über die Marktentwicklung und die Leistungsziele des Unternehmens.
   F Das Unternehmen reicht das Budget für das Folgejahr ein.

Phase des Kreditgewährungsprozesses	Konkrete Beispiele

b) Erklären Sie, was die Bonitätsprüfung beinhaltet.

5. Kreditarten

Ergänzen Sie die Übersicht zu den Kreditarten.

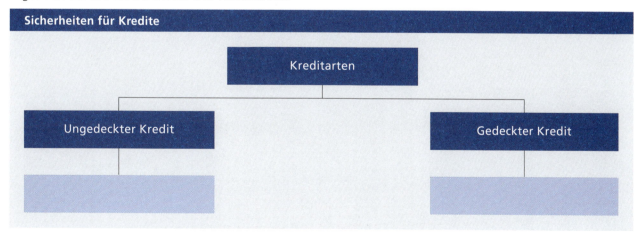

6. Kreditarten

a) Kreuzen Sie an, welche der folgenden Aussagen zu welchem Kredit passt (Mehrfachnennungen möglich).

Aussage	Kontokorrentkredit	Hypothekarkredit
Die Pfandverschreibung wird im Grundbuch eingetragen.	☐	☐
Erstklassige Unternehmen erhalten den Kredit.	☐	☐
Der Kredit wird gegen eine Sicherheit gewährt.	☐	☐
Der Kredit ist für Gläubiger riskant, weil es keine Sicherheit gibt.	☐	☐
Der Kredit wird auch Privatpersonen gewährt.	☐	☐
Der Kreditbetrag ändert je nach Kontenbewegung laufend.	☐	☐
Der Kredit dient dem Kauf einer Liegenschaft.	☐	☐
Der Kredit ermöglicht, das Bankkonto bis zu einer Kreditlimite zu überziehen.	☐	☐

b) Erklären Sie, bei welcher Kreditart die Bonitätsprüfung die Grundlage für die Vergabe des Kredits ist und was dabei geprüft wird.

W 9.2 Kreditgewährung und Kreditarten

7. Kreditarten

Füllen Sie die folgende Tabelle aus.

Beschreibung	Bankspezifischer Begriff	Sicherheit (rechtlicher Begriff)	Nach Sicherheit		Nach Veränderlichkeit des Kreditbetrags	
			gedeckt	ungedeckt	fest	schwankend
a) Die Bank gewährt einem Unternehmen einen Kontokorrentkredit mit einer Kreditlimite von CHF 100 000.			☐	☐	☐	☐
b) Die Kenzo GmbH will das Gebäude, in welchem es seine Büroräumlichkeiten hat, kaufen. Die Eigenmittel betragen 30% des Kaufpreises.			☐	☐	☐	☐

Finanzierung und Kapitalanlage

8. Aussagen beurteilen

Kreuzen Sie an, ob folgende Aussagen richtig oder falsch sind. Korrigieren Sie die falschen Aussagen vollständig und notieren Sie bei korrekten Aufgaben eine Begründung.

R	F	Aussage
☐	☐	Einen Blankokredit erhalte ich ohne jede Sicherheit von den Banken und muss ihn nicht zurückzahlen.
☐	☐	Eine Hypothek im 2. Rang wird im Konkursfall nach der Hypothek im 1. Rang zurückbezahlt.
☐	☐	Für einen Hypothekarkredit wird kein Grundpfand als Sicherungsmittel verlangt.
☐	☐	Bei der Kreditfähigkeit wird geprüft, ob der Schuldner willens ist, den Kredit fristgerecht zurückzuzahlen.
☐	☐	Um einen kommerziellen Blankokredit zu erhalten, muss ein Unternehmen eine Kreditprüfung bestehen.

E 9.3 Aktien, Obligationen, Fondsanteile

9. Vergleich Aktien – Obligationen

Füllen Sie in der Tabelle die leeren Felder aus.

Kriterien zur Unterscheidung	Aktien	Obligationen
	Teilhabende, Eigenkapitalgebende	
Angabe des Kurses		
Rückzahlung	Nein, evtl. Liquidationserlös	
Entschädigung, Vermögensrechte		Fester Jahreszins
	Stimmrecht an der GV	Keine
Kursentwicklung		
		Aus Liquidation vor Inhabern entschädigt

10. Aktien

a) Erklären Sie, was man unter den folgenden Rechten bei Aktien versteht.

Rechte	Erklärung
Mitwirkungsrechte	
Vermögensrechte	

Finanzierung und Kapitalanlage

b) Kreuzen Sie an, was zutrifft.

1) Aktien sind
   ☐ Forderungspapiere.
   ☐ Beteiligungspapiere.

2) Aktien verbriefen (garantieren)
   ☐ Mitwirkungsrechte.
   ☐ Forderungsrechte.

3) Aktionäre sind
   ☐ Gläubiger des Unternehmens.
   ☐ Eigentümer des Unternehmens.

4) Durch den Verkauf der Aktien gehen die Rechte über auf
   ☐ das Unternehmen.
   ☐ den Käufer.
   ☐ niemanden, denn ich behalte sie.

5) An der Generalversammlung habe ich als als Aktionär
   ☐ ein Stimmrecht.
   ☐ kein Stimmrecht.

6) Wenn die Aktie an der Börse gehandelt wird, heisst sie
   ☐ volatile Aktie.
   ☐ kotierte Aktie.

7) Aktienkurse schwanken stärker als die Kurse der Obligationen, weshalb sie als
   ☐ volatiler gelten.
   ☐ riskanter gelten.

8) Als Aktionärin habe ich das Recht auf
   ☐ Gewinnbeteiligung.
   ☐ Zinszahlung.

9) Bezugsrecht und Recht auf Liquidationserlös sind
   ☐ Vermögensrechte.
   ☐ Mitwirkungsrechte.

10) Die Aktien der 20 grössten Schweizer Unternehmen heissen
    ☐ Green-Chip-Aktien.
    ☐ Blue-Chip-Aktien.

11) Der Kurs der Aktien wird angegeben als
    ☐ Stückkurs.
    ☐ Prozentkurs.

11. Stammdaten einer Anleihe

Beantworten Sie Fragen zu den Angaben zur Emission der folgenden Anleihe.

Anleihe

Beispiel

Clariant Anleihe Stammdaten

Stammdaten	
WKN	A1G2J5
ISIN	CH0181721629
Name	CLARIANT 12-19
Anleihe-Typ	Unternehmensanleihen Welt Rest
Kategorisierung	Anleihen (Obligationen, Schuldverschreibungen, Bonds, Notes) Währungsanleihen Anleihe
Emittentengruppe	Unternehmen und Privatpersonen
Land	Schweiz
Stückelung	5000
Stückelung Art	Prozent-Notiz
Nachrang	Nein

Emissionsdaten	
Emittent	Clariant AG
Emissionsvolumen	235.000.000 CHF
Emissionsdatum	24.04.2012
Fälligkeit	24.04.2019

Kupondaten	
Kupon in %	3,250
Erstes Kupondatum	24.04.2013
Letztes Kupondatum	23.04.2019
Zahlweise Kupon	Zinszahlung normal
nächster Zinstermin	24.04.2013
Zinstermin Periode	ganzjährig
Zinstermine pro Jahr	1
Zinslauf ab	24.04.2012

Steuern und Depot	
Steuerzahlende Stelle	Depotbank (Zahlstelle)
Depotwährung	CHF
Abrechnungswährung	CHF
Währung	CHF

a) Wer ist der Emittent der Anleihe?

b) Wie hoch ist die Anleihe?

c) Welchen Nennwert haben die einzelnen Obligationen?

d) Wie nennt man diese Aufteilung der Anleihe in Teilbeträge?

e) Wie viel CHF erhält ein Anleger am 24.4.2019 zurückbezahlt, wenn er fünf Obligationen gekauft hat?

f) Wie viel Zins erhält dieser Anleger jährlich in CHF?

g) Schauen Sie auf www.six-group.com/exchanges nach, wie hoch das Zinsniveau für neue Anleihen ist.

Quelle: www.finanzen.net/anleihen/A1G2J5-Clariant-Anleihe

Finanzierung und Kapitalanlage

12. Aussagen zu Obligationen

a) Obligationen sind
   ☐ Forderungspapiere.
   ☐ Beteiligungspapiere.

b) Obligationen verbriefen (garantieren)
   ☐ Mitwirkungsrechte.
   ☐ Forderungsrechte.

c) Als Obligationärin bin ich
   ☐ Gläubigerin des Unternehmens.
   ☐ Eigentümerin des Unternehmens.

d) Am Ende der Laufzeit erhalte ich
   ☐ den Nennwert zurück.
   ☐ den Kurswert zurück.

e) Durch den Verkauf der Obligationen gehen die Rechte über auf
   ☐ das Unternehmen.
   ☐ den Käufer.
   ☐ niemanden.

f) An der Generalversammlung kann ich
   ☐ teilnehmen.
   ☐ nicht teilnehmen.

g) Die Obligation wird
   ☐ an der Börse gehandelt.
   ☐ nicht an der Börse gehandelt.

h) Die Obligation verbrieft (garantiert)
   ☐ Vermögensrechte.
   ☐ Mitwirkungsrechte.

i) Als Obligationär erhalte ich jährlich
   ☐ Gewinn.
   ☐ Zins.

j) Der Kurs der Obligation wird als
   ☐ Prozentkurs angegeben.
   ☐ Stückkurs angegeben.

k) Im Vergleich zur Aktie gilt die Obligation als
   ☐ weniger riskantes Wertpapier.
   ☐ riskanteres Wertpapier.

13. Fonds

Notieren Sie aus dem folgenden Text in die linke Spalte jene Punkte, welche für eine Anlage in einen Fonds sprechen, und in die rechte Spalte die entsprechenden Nachteile.

> Fonds sind für Kleinanleger mit wenigen Tausend Franken genauso geeignet wie für Grossanleger, z.B. Pensionskassen. Sie unterstehen besonderen Aufsichtsbehörden, was den Anlegerschutz verstärkt.
>
> Jeder Fonds hat ein Reglement, in welchem festgelegt wird, wie das Geld investiert wird. In entsprechenden Prospekten können sich Interessierte genau informieren.
>
> Die Rendite der Anteile ist abhängig von der allgemeinen Marktentwicklung und dem aktiven Management des Fonds, also der geschickten Auswahl von Titeln.
>
> Es gibt eine sehr grosse Auswahl an Fonds. Dazu gehören Aktien- und Obligationenfonds nach Ländern, nach Branchen, nach Währungen, nach nachhaltigen Kriterien oder Anlagestrategien.
>
> Beim Kauf sind meist Ausgabekommissionen fällig, weshalb sich Fonds nicht für die schnelle Spekulation eignen.
>
> Für geübte Anlegende, die lieber in Einzelanlagen (Wertpapiere einzelner Unternehmen) investieren, ist ein Fonds weniger interessant, da die Auswahl der einzelnen Titel den Profis überlassen wird. Die Fondsanleger entscheiden im Team. Dies kommt den Anlegenden zugute, die weder die Zeit noch den Überblick haben, die Märkte intensiv zu verfolgen.

Vorteile der Anlage in Fonds	Nachteile der Anlage in Fonds

W 9.3 Aktien, Obligationen, Fondsanteile

14. Merkmale von Wertpapieren

Ergänzen Sie die Lücken im nachstehenden Text. Es darf jeweils nur ein Wort pro Lücke eingesetzt werden.

Im Vergleich zur Obligation sind Aktien keine Forderungspapiere, sondern _____

_____. Aus diesem Grund gehört das eigene Aktienkapital zum _____

-kapital einer Aktiengesellschaft. Die Aktie bringt einem Anleger u.a. veränderliche Dividenden, wogegen

eine Obligation dem Anleger Kapitalerträge in Form eines festen _____ und in

Form von Kurs- _____ einbringt.

Finanzierung und Kapitalanlage

15. Obligationen

Kreuzen Sie an, was auf Obligationen zutrifft.

Kriterium	Obligation
Handelbarkeit	☐ Ja
	☐ Nein
Risikofaktoren:	
▪ Kursschwankungen	☐ Ja
	☐ Kaum
	☐ Nein
▪ Sicherheit	☐ Einlegerschutz
	☐ Bonität
	☐ Grundpfand
Entschädigung	☐ Zins
	☐ Dividenden

16. Aktien, Obligationen

Kreuzen Sie die jeweils zutreffenden Aussagen pro Wertpapierart an. Mehrfachantworten sind möglich.

Aussage	Aktien	Obligation
Durch dieses Wertpapier wird der Berechtige Teilhaber am Unternehmen.	☐	☐
Dieses Wertpapier verkörpert ein Stimmrecht des Inhabers.	☐	☐
Das durch das Wertpapier beschaffte Kapital gilt als Fremdkapital.	☐	☐
Bei diesem Wertpapier ist eine Rückzahlung vorgesehen.	☐	☐
Dieses Wertpapier berechtigt zu einem Gewinnanteil am Unternehmen.	☐	☐
Dieses Wertpapier wird durch blosse Übergabe weiterverkauft.	☐	☐

17. Unterscheidungsmerkmale von Wertpapieren

Nennen Sie bei den folgenden Wertpapieren den wesentlichen Unterschied in Bezug auf das genannte Kriterium.

a) Obligation – Aktie: Stellung im Unternehmen

b) Obligation – Aktie: Verkäuflichkeit

c) Obligation – Aktie: Mitwirkungsrecht

d) Aktie – Obligation: Sicherheit

18. Fachbegriffe erkennen

Nennen Sie den jeweils umschriebenen Fachbegriff.

a) Aktie, die an der Börse gehandelt wird.

b) Synonym für die Gruppe der mitgliedschaftsrechtlichen Papiere.

c) Recht, an der Generalversammlung abzustimmen.

d) Dieser Fachbegriff bezeichnet das Bestreben, das Anlagerisiko zu verteilen, in dem Kapital in mehrere verschiedene Wertpapiere angelegt wird.

e) Alle Wertpapiere, welche ein Anleger gekauft hat.

Finanzierung und Kapitalanlage

f) Der Kurs einer Aktie steigt und fällt unter Umständen stark.

....

g) Mass für den Preis einer Obligation

....

h) Topf, in dem sich Wertpapiere befinden wie z. B. Aktien vieler grosser Schweizer Unternehmen.

....

19. Aussagen beurteilen

Sind die nachfolgenden Aussagen richtig oder falsch? Falsche Aussagen sind zu berichtigen, richtige Aussagen zu begründen.

R	F	Aussage
☐	☐	Effekten sind vertretbare Wertpapiere. Sie werden auch als Massenpapiere bezeichnet und eignen sich für den Börsenhandel.
☐	☐	Das Bezugsrecht gibt dem Aktionär ein Anrecht auf einen Teil des Liquidationserlöses.
☐	☐	Anlagefonds eignen sich als Anlage nur für Personen, die Zeit haben, die Kursentwicklung dauernd zu verfolgen.
☐	☐	Wertpapiere werden in Inhaber- und Gläubigerpapiere unterteilt.
☐	☐	Aktien sind Beteiligungs-, Obligationen sind Gläubigerpapiere.
☐	☐	Anlagefonds beinhalten ausschliesslich Aktien.

20. Wertpapierart erkennen

Nennen Sie den Namen des jeweils umschriebenen Wertpapiers.

Umschreibung	Wertpapier
Aktien, die an der Börse gehandelt werden.	
Dieses Instrument eignet sich für eine hohe Diversifikation im Bereich der Wertpapiere und ist für Kleinanleger geeignet.	
Aktien, die nicht an der Börse gehandelt werden.	
Wertpapier, das einen Anteil an einem Vermögen und dadurch an anderen Wertpapieren verkörpert.	
Wertpapiere, mit denen sich Unternehmen Fremdkapital beschaffen.	
Ein Unternehmen braucht mehr Kapital und gibt ... heraus.	

E 9.4 Anlagestrategien

21. Anlageziele

a) Ergänzen Sie die fehlenden drei Ziele des magischen Anlagevierecks.

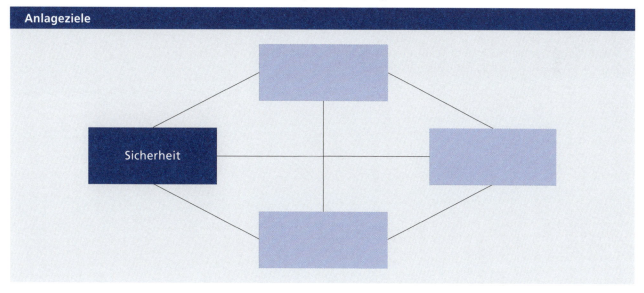

b) Kreuzen Sie an, welche Aussagen für das magische Anlageviereck zutreffen.

R	Aussage
☐	Die vier Anlageziele verstärken sich gegenseitig, d.h., sie harmonieren miteinander.
☐	Die vier Anlageziele beeinflussen sich gegenseitig nicht, d.h., sie sind indifferent zueinander.
☐	Die vier Anlageziele stehen in einem Konflikt zueinander, d.h., sie können nicht alle gleichermassen erreicht werden.
☐	Eine Person, die Vermögen anlegt, verfolgt alle vier Ziele gleichzeitig.
☐	Eine Person, die Vermögen anlegt, muss Prioritäten setzen unter den Anlagezielen.
☐	Eine Person, die Vermögen anlegt, kümmert sich nicht um dieses magische Anlageviereck.

22. Anlageziele

Beurteilen Sie, welches Anlageziel die folgenden Anlegerinnen und Anleger prioritär verfolgen.

Situation	Anlageziel
Bert Greter möchte später im Ruhestand viel reisen. Da die zu erwartende Altersversorgung dafür nicht ausreicht, spart er monatlich CHF 500.	
Inge Ellmann hat neben ihrem gesicherten Einkommen eine grössere Summe geerbt. Bei ihrer Anlageentscheidung ist sie risikobereit.	
Angelo Berutschi möchte sicherstellen, dass seine Ersparnisse in Fair-Trade-Projekte investiert werden.	
Annette Burgert ist sich noch nicht sicher, ob sie sich in absehbarer Zeit selbstständig machen will. Sie hat dafür bereits genug angespart.	

23. Vermögensportfolio

Ordnen Sie in der Tabelle die folgenden Wertpapiere entsprechend ihrem Risiko und beginnen Sie mit dem sichersten zuunterst.

Aktien von Schweizer Blue-Chips-Unternehmen
Aktien in USD
Anteile eines Aktienfonds in EUR
Anteile eines Aktienfonds in CHF
Obligationen eines Schweizer Unternehmens
Sparkonto

Risiko	Anlageinstrument
hoch ↑	
niedrig	

24. Anlagestrategien

Empfehlen Sie folgenden Anlegern jeweils eine der drei Anlagestrategien (konservativ, ausgewogen, dynamisch) und begründen Sie Ihre Empfehlung. Der Anlagehorizont beträgt fünf bis zehn Jahre.

Situation	Anlagestrategie	Begründung
Esther Bartha, berufstätig, verheiratet mit zwei erwachsenen Kindern, gewinnt im Lotto CHF 100 000. Sie möchte das Geld einigermassen sicher, aber auch mit einem gewissen Ertrag anlegen.		
Conny Nünlist, eine junge und erfolgreiche Bankangestellte, hofft, ihr Erspartes genauso erfolgreich anzulegen. Sie will eine hohe Rendite erzielen.		
Ein junges Paar träumt von einem eigenen Einfamilienhaus. Mit seinem Ersparten will es das Ziel möglichst bald erreichen.		
Eine Witwe lebt von einem kleinen Einkommen und der Witwenrente der AHV. Sie erbt jetzt CHF 50 000.		

Finanzierung und Kapitalanlage

W 9.4 Anlagestrategien

25. Anlageinstrumente

Nennen Sie zu den Anlagezielen ein oder mehrere Anlageinstrumente, welche das Ziel am besten verfolgen. In der rechten Spalte notieren Sie einen Nachteil, den das gewählte Anlageinstrument grundsätzlich hat.

Anlageziel	Anlageinstrument	Nachteil
Liquidität		
Rendite		
Sicherheit		
Nachhaltigkeit		

26. Lückentext zur Anlagestrategie

Füllen Sie folgenden Lückentext mit den aufgelisteten Begriffen aus. Jeder Begriff kann höchstens einmal eingesetzt werden.

Portfolio	Nachhaltigkeit	tiefe	hohe
Rendite	Zielkonflikt	ausgewogen	verringern
Liquidität	Diversifizierung	dynamisch	vergrössern

Im Gegensatz zu einer konservativen Anlagestrategie, die sich eher durch eine _____ Risikobereitschaft auszeichnet, legt ein Anleger mit einer _____ Anlagestrategie eine _____ Risikobereitschaft an den Tag. Er will eine möglichst hohe _____ erzielen.

Grundsätzlich ist auf eine ausreichende _____ zu achten. Bei jeder Anlagestrategie gibt es _____, da sich die einzelnen Anlageziele widersprechen. Das Risiko lässt sich _____, indem man auf eine _____ des _____ achtet.

134

27. Fragen zu Anlagestrategien und -zielen

Beantworten Sie die folgenden Fragen.

a) Welche Anlagestrategie empfehlen Sie einem Rentner mit kleinen Ersparnissen?

b) Wie heissen die beiden anderen Anlagestrategietypen?

c) Nennen Sie ein konkretes Anlagebeispiel, das den Zielkonflikt zwischen Liquidität und Rentabilität gut zeigt. Beschreiben Sie die Wirkungen auf Liquidität und Rentabilität.

28. Anlageziele umsetzen

a) Nennen Sie die vier wichtigsten Anlagegrundsätze. Es sind Fachbegriffe verlangt.

b) Erklären Sie allgemein in maximal zwei vollständigen Sätzen, warum die Beziehung zwischen den Anlagegrundsätzen als «Magisches Viereck» bezeichnet wird.

c) Welche Anlageinstrumente (zur Auswahl stehen: Aktien, Obligationen, Optionen, Sparkonten, Anlagefonds) werden bei einer konservativen, einer ausgewogenen und einer dynamischen Anlagestrategie bevorzugt? Nennen Sie jeweils ein bis zwei der dominanten Anlageinstrumente.

Anlagestrategie	Zwei Anlageinstrumente
konservativ	
ausgewogen	
dynamisch	

Finanzierung und Kapitalanlage

29. Wertpapiere – Anlageziele – Anlagestrategien

a) Nennen Sie jeweils den Fachbegriff für die umschriebenen Wertpapiere.

Umschreibung	Fachbegriff
Der Inhaber des Wertpapiers wird Eigentümer und kann das Wertpapier an der Börse verkaufen.	
Dieses Wertpapier macht den Eigentümer zum Gläubiger eines Unternehmens.	
Gesamtbetrag, mit welchem sich Unternehmen Fremdkapital in Form von Wertpapieren beschaffen.	
Damit ist ein Anleger an einem Fonds beteiligt.	
Der Aktionär kann die Aktie nicht an der Börse verkaufen.	

b) Empfehlen Sie den nachfolgenden vier Anlegern die richtige Anlagestrategie.

Anleger	Anlagestrategie
Ein 55-jähriger Goldschmied hat sich mit dem Geld seiner Pensionskasse selbstständig gemacht und dabei alles verloren. Zum Glück erbt er jetzt CHF 300 000, die er im Hinblick auf sein Rentenalter möglichst ohne Kursrisiko anlegen möchte.	
Der Versicherungsangestellte, der zwei erwachsene Kinder hat, erbt CHF 100 000. Er möchte das Geld einigermassen sicher, aber auch mit einem gewissen Ertrag anlegen.	
Ein junges, noch kinderloses Ehepaar hat sich letztes Jahr CHF 30 000 erspart und möchte das Geld als Grundstock für den späteren Kauf eines Einfamilienhauses anlegen.	
Eine erfolgreiche, unabhängige, gut verdienende junge Bankkauffrau will CHF 50 000 möglichst ertragsreich anlegen.	

30. Anlagestrategien

Hans Studer hat im Lotto CHF 500 000 gewonnen. Er möchte dieses Geld anlegen. Hans Studer ist alleinerziehender Vater dreier schulpflichtiger Kinder mit einer Teilzeitstelle als Stadtgärtner. Das momentane Arbeitseinkommen reicht nicht aus, um alle laufenden Kosten zu decken. Vermögen konnte keines angespart werden. Deshalb sind Hans und seine Familie bis jetzt Sozialhilfeempfänger.

a) Tragen Sie die drei Anlagegrundsätze in der Tabelle unten in die linke Spalte ein, wobei die nachhaltige Entwicklung zu vernachlässigen ist.

b) Hans Studer prüft folgende Anlageinstrumente für die gewonnenen CHF 500 000:
- Sparheft bei der BEKB, Bezüge bis CHF 20 000 ohne Kündigungsfrist
- Obligation UBS, Restlaufzeit 3 Jahre
- Aktien ACC Inhaber (börsenkotiert)

Bewerten Sie die Anlagemöglichkeiten, indem Sie die leeren Felder mit den Ausdrücken «hoch, mittel oder tief» ausfüllen. Jeder Ausdruck muss pro Grundsatz einmal zugeordnet werden.

Grundsätze	Sparheft BEKB	Obligation UBS	Aktien ACC

c) Begründen Sie ihre Bewertung bei der Obligation für alle drei Grundsätze.

d) Welche Anlagestrategie empfehlen Sie aufgrund Hans Studers Anlegerprofil? Die Antwort ist möglichst vollständig zu begründen.

☐ konservative Anlagestrategie

☐ ausgewogene Anlagestrategie

☐ dynamische Anlagestrategie

Begründung:

31. Anlageziele

Alfons Huber hat während 10 Jahren gespart und das Kapital so angelegt, dass er im ersten Halbjahr dieses Jahres darüber verfügen kann, um eine Wohnung zu kaufen.

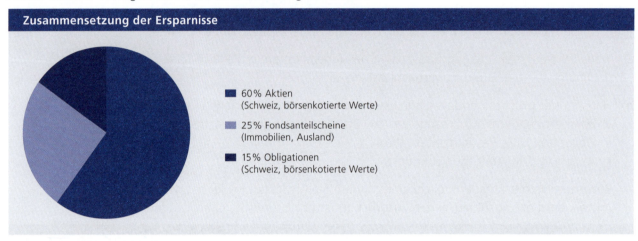

a) Ist die Anlagestrategie von Alfons Huber eher als dynamisch oder eher als konservativ zu bezeichnen? Begründen Sie Ihre Antwort.

b) Beurteilen Sie, wie die Anlagestrategie von Alfons Huber unter dem Aspekt der Liquidität zu beurteilen ist. Begründen Sie Ihre Antwort.

c) Kreuzen Sie an, ob die folgenden Aussagen für Aktien (A), für Obligationen (O) oder für keines (K) von beiden zutreffen.

Nr.	Aussagen	A	O	K
1	Es besteht ein Stimm- und Wahlrecht an der Generalversammlung.	☐	☐	☐
2	Es gibt einen festen Rückzahlungstermin.	☐	☐	☐
3	Es besteht ein Anrecht auf Auszahlung einer Dividende.	☐	☐	☐
4	Der Inhaber des Wertpapiers wird zum Miteigentümer des Unternehmens.	☐	☐	☐
5	Die Anlage ist völlig risikolos.	☐	☐	☐
6	Es gibt einen regelmässigen Zinsertrag während der ganzen Laufzeit.	☐	☐	☐

d) Die Zusammensetzung der Ersparnisse zeigt, dass Alfons Huber eine Streuung des Risikos (Diversifikation) vorgenommen hat. Erklären Sie mit zwei konkreten Aussagen, woraus die Diversifikation ersichtlich wird.

....

....

....

....

....

32. Anlageziele – Anlagestrategien – Anlageinstrumente

a) Nennen Sie das Anlageziel, welches in den folgenden Fällen die höchste Priorität haben sollte:

Fall	Anlagegrundsatz
Sie haben eben im Lotto gewonnen. Mit dem Gewinn möchten Sie in den Sommerferien eine Reise machen.	
Marco Rimoldi, ein 45-jähriger erfolgreicher Unternehmer, hat CHF 20 000 geerbt. Er möchte diesen Betrag so anlegen, dass er sich innerhalb von 20 Jahren verdoppelt hat.	
Eine 60-jährige Frau möchte für einen bestimmten Geldbetrag eine Anlageform wählen, die ihr die Rente aufbessert.	

b) Welche Anlagestrategie liegt in den folgenden Fällen vor? Nur eine Antwort ist zulässig.

Fall	konservativ	ausgewogen	dynamisch
5% Spareinlagen, 20% Festgelder, 5% Aktien, 40% Obligationen, 30% eigenes Haus	☐	☐	☐
10% Spareinlagen, 10% Festgelder, 30% Aktien, 45% Obligationen, 5% Optionen	☐	☐	☐
15% Spareinlagen, 35% Aktien, 30% Anteile an gemischtem Fonds (gleichgewichtig), 20% Obligationen	☐	☐	☐
5% Spareinlagen, 60% Aktien, 15% Obligationen, 20% Fondsanteile Aktienfonds	☐	☐	☐

c) Welches Wertpapier wird umschrieben? Es ist jeweils nur eine Antwort zulässig.

Umschreibung	Anlageinstrument
Aktien, die durch blosse Übergabe den Eigentümer wechseln können, sodass der Berechtigte der AG nicht bekannt ist.	
Wertpapier, das einen Anteil an einem Vermögen und dadurch an anderen Wertpapieren verkörpert.	
Aktie, die an der Börse gehandelt wird.	

12 Recht und Staat

Umgang mit Geld und Verschuldung

Inhaltsverzeichnis

	Theorie	Aufgaben
12.1 Private Verschuldung und Budget	**142**	147
12.2 Betreibungsarten	**143**	148
Leistungsziele		146

12 Umgang mit Geld und Verschuldung

Einführungsfall

> Mario Herder ist nicht mehr in der Lage, seine Schulden zurückzubezahlen. Während Monaten hat er über seine finanziellen Möglichkeiten gelebt und sich vieles auf Kredit geleistet. Schliesslich ist ihm der Schuldenberg über den Kopf gewachsen, und das Betreibungsamt lässt ihn nicht mehr in Ruhe. Seit drei Wochen ist er zudem arbeitslos, was seine finanzielle Lage noch auswegloser erscheinen lässt. Welche rechtliche Möglichkeit hat Mario Herder, um seine wirtschaftliche Situation zu verbessern?

Leistet sich eine Privatperson mehr, als es ihre finanziellen Möglichkeiten zulassen, führt das zu **privater Verschuldung**. Kommt die Person in der Folge ihren Zahlungsverpflichtungen nicht fristgerecht nach, führt das in aller Regel direkt in betreibungsrechtliche Zwangsmassnahmen durch den Staat, welche weiter hinten beschrieben werden.

➔ 12.2

12.1 Private Verschuldung und Budget

Es ist nicht immer einfach, die persönlichen Einnahmen und Ausgaben im Gleichgewicht zu halten – gross sind die Verlockungen der Konsumwelt und entsprechend die Gefahr der privaten Verschuldung: Markenkleider, Smartphones, Freizeitvergnügen, Ausgang, Ferien, Autos usw. Und sofortige Bezahlung wird kaum verlangt. Stets werden auch passende **Finanzierungsinstrumente** angeboten:

- Kreditkarte
- Abzahlungskauf
- Leasing
- Kleinkredit

➔ 3. Semester Kapitel 9

Wichtig ist, dass Personen solche Finanzierungsinstrumente als eigentliche **Verschuldungsfallen** erkennen. Schnell kann man damit das Gefühl bekommen, sich nahezu alles leisten zu können. Die sich daraus ergebende finanzielle Belastung durch laufende Zinszahlungen und Schuldenrückzahlung kann mit der Zeit ein kaum tragbares Ausmass annehmen. Das restliche Einkommen reicht in solchen Fällen kaum noch für den laufenden Grundbedarf aus. Plötzliche Arbeitslosigkeit, Scheidung, Krankheit oder ausserordentliche Auslagen wie z. B. für eine teure Zahnbehandlung oder Fahrzeugreparatur verschlimmern die Situation zusätzlich. Wird in der Folge der finanzielle Engpass so gross, dass fällige Raten nicht mehr bezahlt werden können, wird die betreffende Person bzw. ihre Verschuldung zum Sanierungsfall.

Um die Gefahr der privaten Verschuldung gar nicht erst aufkommen zu lassen, muss das persönliche Konsumverhalten den vorhandenen finanziellen Mitteln angepasst werden. Niemand kann auf Dauer mehr ausgeben, als er einnimmt. Das ist auch bei Unternehmen nicht anders. Um diesem Grundsatz nachzuleben, muss das vorhandene Geld bewusst eingeteilt und geplant ausgegeben werden. Nur so hat man Gewähr, dass es auch für alles Notwendige und eventuell noch für Zusatzwünsche reicht. Das geeignete Instrument dazu ist das **Budget**. In einem privaten Budget werden für eine bestimmte Zeitperiode die persönlichen Ausgaben detailliert geplant und den verfügbaren Einnahmen angepasst. Als Beispiel ist nachfolgend ein mögliches Budget für Lernende mit einem monatlichen Nettoeinkommen von CHF 1000 und Wohnsitz bei den Eltern abgebildet.

Musterbudget gemäss «Budgetberatung Schweiz»	
Einnahmen (netto) pro Monat	**1000**
Ausgaben pro Monat	
▪ Krankenkasse	310
▪ Fahrkosten	90
▪ Taschengeld/Handy	230
▪ Kleider/Schuhe/Coiffeur/Körperpflege	130
▪ Schulmaterial (ohne Lehrmittel)	10
▪ Sparen (Ferien/Fahrstunden/Steuern usw.)	170
▪ Krankheit/Zahnarzt/Optiker (nur Anteil)	60
▪ Exkursionen/Lager (Eltern)	0
▪ PC/Musik/Sport (Eltern)	0
▪ Kost/Logis/auswärtige Verpflegung (Eltern)	0
	1000

Das Beispiel macht klar, dass das eigene Geld nicht für alle Konsumwünsche reicht und man sich folglich einschränken muss. Es gilt, den persönlichen finanziellen Möglichkeiten entsprechend einen Weg zu finden zwischen notwendigem und wünschbarem Konsum. Mit der Budgeterstellung allein ist es allerdings nicht getan. Ein Budget muss in der Folge Verpflichtung sein und eingehalten werden. Denn ohne Budgetdisziplin und -kontrolle ist das Instrument nutzlos.

Für weitere Informationen wird an dieser Stelle an die Fachorganisation «**Budgetberatung Schweiz**» (www.budgetberatung.ch) verwiesen. Sie stellt gratis Merkblätter, Richtwerte, Formulare und Musterbudgets für verschiedene Lebensverhältnisse zur Verfügung. In der ganzen Schweiz werden zudem Beratungsstellen unterhalten, an die man sich bei persönlichen Budgetfragen wenden kann.

A E-Aufgabe 1, W-Aufgabe 2

12.2 Betreibungsarten

Art. 38 SchKG Kommt ein Schuldner seinen finanziellen Verpflichtungen nicht nach, kann der Gläubiger die entsprechende Geldforderung mithilfe von staatlichem Zwang eintreiben lassen. Geregelt ist diese **Zwangsvollstreckung** im **Schuldbetreibungs- und Konkursgesetz (SchKG)**. Da sich der Staat direkt in das Betreibungswesen einschaltet, handelt es sich um öffentliches Recht. Als Schuldner können alle handlungsfähigen und beschränkt handlungsunfähigen (d.h. urteilsfähigen) natürlichen Personen sowie juristischen Personen betreibungsrechtlich belangt werden.

Will ein Gläubiger eine Forderung beim entsprechenden Schuldner einziehen lassen, hat er sich mit einem Begehren an das (staatliche) **Betreibungsamt** zu wenden. Grössere Gemeinden haben ein eigenes, kleinere Gemeinden führen zusammen ein Betreibungsamt.

Art. 67 SchKG Auf das Begehren hin wird der Staat aktiv und löst Betreibungshandlungen gegen den Schuldner aus. Je nach Schuldner stehen dabei zwei **Betreibungsarten** im Vordergrund: die **Betreibung auf Pfändung** und die **Betreibung auf Konkurs**.

12.2.1 Betreibung auf Pfändung

Ist der Schuldner eine Privatperson, wird er im Grundsatz auf Pfändung betrieben. Man bezeichnet die **Betreibung auf Pfändung** auch als **Einzelexekution** oder **Einzelvollstreckung**, weil der Staat nur so viel Vermögen bzw. Einkommen des Schuldners pfändet (beschlagnahmt), wie für die Abdeckung der betriebenen Forderungen der Gläubiger notwendig ist.

Art. 92 SchKG — Unpfändbar sind **Kompetenzstücke** (Vermögensgegenstände, die lebensnotwendig sind wie Kleider, Möbel oder Haushaltsgeräte), Gegenstände, die für die Ausübung des Berufs des Schuldners unerlässlich sind (z.B. Werkzeuge eines Handwerkers) sowie AHV- und IV-Renten.

Art. 93 SchKG — Beschränkt pfändbar sind Einkommen wie Lohn, Pensionskassenrenten, Unterhaltsbeiträge oder Erwerbsausfallentschädigungen von Versicherungen. Diese dürfen dem Schuldner maximal bis zum **Existenzminimum** genommen werden. Das Existenzminimum ist der Betrag, der die grundlegenden Lebenshaltungskosten einer Person, eines Paares oder einer Familie deckt.

Art. 144 SchKG
Art. 149 SchKG — Der Erlös der Verwertung (Liquidation) der gepfändeten Vermögensstücke geht nach Abzug der amtlichen Betreibungskosten an die Gläubiger, die den Schuldner betrieben haben. Bleibt ein Teil der Forderungen ungedeckt, erhalten die Gläubiger für den offen gebliebenen Betrag einen **Verlustschein aus Pfändung**. Dieser Verlustschein hat folgende rechtliche Eigenschaften:

Art. 149a SchKG
- Er gilt als Schuldanerkennung, und Gläubiger können damit den Schuldner jederzeit wieder von neuem betreiben.
- Er ist unverzinslich.

Art. 135 OR
Art. 137 OR
- Er verjährt nach 20 Jahren seit der Ausstellung (möglich ist die Unterbrechung und der Neubeginn der Verjährungsfrist gemäss Obligationenrecht).

12.2.2 Betreibung auf Konkurs

Art. 39 SchKG — Der **Betreibung auf Konkurs** unterliegen namentlich Unternehmer und ihre Unternehmen. Der Konkurs ist eine **Generalexekution** (**Gesamtvollstreckung**) und führt zum vollständigen wirtschaftlichen Untergang des Schuldners. Sein gesamtes pfändbares Vermögen wird beschlagnahmt und zugunsten aller seiner Gläubiger (nicht nur derjenigen, die ihn betrieben haben) liquidiert. Im Konkursfall werden folglich alle Schulden fällig. Zuständig für solche Konkursverfahren ist nicht das Betreibungsamt, sondern das (übergeordnete) Konkursamt. Häufig findet sich je Amt, Bezirk oder Kreis ein solches Konkursamt.

Art. 265 SchKG — Für ungedeckt gebliebene Forderungsbeträge erhält jeder Gläubiger einen **Verlustschein aus Konkurs**. Wie der Verlustschein aus Pfändung stellt er eine Schuldanerkennung dar, ist unverzinslich und verjährt nach 20 Jahren. Er ist aber insofern für den Gläubiger ungünstiger (und umgekehrt für den Schuldner günstiger), als gestützt auf einen Konkursverlustschein eine neue Betreibung des Schuldners nur durchgesetzt werden kann, wenn dieser zu neuem Vermögen gekommen ist. Auch eine spätere Pfändung des laufenden Einkommens des Schuldners ist damit im Gegensatz zum Verlustschein aus Pfändung nicht möglich.

Privatkonkurs

Art. 191 SchKG Privatpersonen, die eigentlich der Betreibung auf Pfändung unterliegen würden, können sich in einer akuten persönlichen Verschuldungssituation aus eigenem Antrieb beim Konkursrichter als zahlungsunfähig erklären (**Insolvenzerklärung**) und den Antrag auf (freiwilligen) Konkurs stellen. Der Richter darf in der Folge den Privatkonkurs aussprechen, wenn keine Aussicht auf eine Schuldensanierung besteht. Für die entsprechenden Verfahrenskosten hat die Privatperson einen Vorschuss in der Höhe von CHF 3000 bis CHF 4000 zu leisten.

Ein grundsätzlicher Anspruch auf den Privatkonkurs besteht nicht, da dieser als «Rechtswohltat» gilt. Der Schuldner will nämlich von den vorne beschriebenen rechtlichen Vorteilen der Konkursverlustscheine gegenüber den Pfändungsverlustscheinen profitieren (neue Betreibungen nur bei neuem Vermögen und keine Pfändung des laufenden Einkommens). Nach erfolgtem Privatkonkurs haben Privatpersonen folglich Ruhe vor anhaltenden Betreibungen und die Chance auf einen wirtschaftlichen Neubeginn. Selbstverständlich gilt dies aber nicht für neu eingegangene finanzielle Verpflichtungen. Kommt die Person diesen nicht nach, kann sie jederzeit wieder ordentlich betrieben werden.

Nachfolgend ist ein Muster einer Insolvenzerklärung abgebildet.

Insolvenzerklärung einer Privatperson

Insolvenzerklärung / Privatkonkurs

Sehr geehrtes Gericht

Ich bin nicht mehr in der Lage, meine Schulden zu begleichen, weshalb ich hiermit das Gesuch stelle

«Es sei der Konkurs gestützt auf SchKG 191 zu eröffnen.»

☐ Ich besitze kein Grundeigentum.

[zutreffendes ankreuzen]

☐ Ich bin Eigentümer von Grundstücken in:

Ort .... Grundbuchamt ....

Ort .... Grundbuchamt ....

Ich ersuche Sie höflich, einen Anhörungstermin anzusetzen.

Besten Dank im Voraus und freundliche Grüsse

[Vorname Name]

....
Unterschrift

Quelle: www.insolvenzerklaerung.ch

Umgang mit Geld und Verschuldung

Der Ablauf eines Privatkonkurses unterteilt sich im Wesentlichen in die folgenden (chronologisch geordneten) Schritte:

Ablauf Privatkonkurs

Nr.	Schritt
1	Die Privatperson reicht beim Konkursgericht die Insolvenzerklärung ein.
2	Der Konkursrichter hört die Privatperson an und prüft, ob Aussicht auf Schuldensanierung besteht.
3	Der Konkursrichter erachtet eine Schuldensanierung als aussichtslos.
4	Die Privatperson bezahlt den Kostenvorschuss.
5	Der Konkursrichter eröffnet den Konkurs über die Privatperson.
6	Die (pfändbaren) Vermögensgegenstände der Privatperson werden eingezogen und verwertet (liquidiert).
7	Die Gläubiger erhalten den Erlös aus der Verwertung der Vermögensgegenstände der Privatperson.
8	Die Gläubiger erhalten Verlustscheine aus Konkurs für die ungedeckt gebliebenen Forderungsbeträge.

Lösung Einführungsfall | Im Fall von Mario Herder ist beim Konkursgericht eine Insolvenzerklärung mit dem Antrag auf Privatkonkurs einzureichen. Falls keine Aussicht auf Schuldensanierung besteht und der Privatkonkurs ausgesprochen wird, profitiert Mario Herder von den Vorteilen der Konkursverlustscheine und hat die Chance auf einen wirtschaftlichen Neubeginn.

A E-Aufgaben 3 und 4, W-Aufgaben 5 und 6

Leistungsziele

1.5.3.8 Verschuldung

- Ich erstelle für meinen privaten Bereich ein sinnvolles Budget.
- Ich erkläre die Gefahren der privaten Verschuldung. Ich nenne die Verschuldungsfallen.
- Ich erkläre die Abläufe und rechtlichen Rahmenbedingungen bei einem Privatkonkurs.

E 12.1 Private Verschuldung und Budget

1. Verschuldungsfallen

Kreuzen Sie bei den folgenden Begriffen alle Verschuldungsfallen an.

Begriff	Verschuldungsfalle
Kreditkarten	☐
Eheschliessung	☐
Leasingverträge	☐
Krankheit	☐
Scheidung	☐
Pensionierung	☐
Arbeitslosigkeit	☐

W 12.1 Private Verschuldung und Budget

2. Budgeterstellung

Erstellen Sie für Ihren privaten Bereich ein detailliertes Budget, und vergleichen Sie es danach mit dem entsprechenden Musterbudget von «Budgetberatung Schweiz». Wie erklären Sie sich die Unterschiede? (Das Budgetformular und das Musterbudget finden Sie unter www.budgetberatung.ch.)

Umgang mit Geld und Verschuldung

E 12.2 Betreibungsarten

3. Pfändung von Vermögensgegenständen

Kreuzen Sie die pfändbaren Vermögensgegenstände an.

Pfändbar	Vermögensgegenstand
☐	Die Kücheneinrichtung des Schuldners
☐	Die goldene Trompete eines kaufmännischen Angestellten
☐	Ein wertvolles Gemälde, welches sich im Besitz des Schuldners befindet
☐	Die Gitarre einer Musiklehrerin
☐	Der Rasenmäher des Eigenheimbesitzers
☐	Der Schmuck der Freundin des Schuldners
☐	Der Weinvorrat des Schuldners

4. Fachbegriffe zu den Betreibungsarten

Nennen Sie den Fachbegriff, der jeweils beschrieben wird.

Beschreibung	Fachbegriff
So heissen die Vermögensgegenstände des Schuldners, die betreibungsrechtlich nicht eingezogen werden dürfen, da sie als existenznotwendig gelten.	
Diese öffentliche Urkunde erhalten Gläubiger, wenn das pfändbare Vermögen und Einkommen einer Privatperson für die Deckung der betriebenen Forderungen nicht ausgereicht hat.	
Man nennt die Betreibung auf Pfändung so, weil nur so viel Vermögen und Einkommen des Schuldners gepfändet wird, wie für die Deckung der betriebenen Forderungen notwendig ist.	
Das Lohneinkommen des Schuldners darf nur bis zu dieser Grenze gepfändet werden.	
Diese Betreibungsart kommt in der Regel zur Anwendung, wenn der Schuldner eine Privatperson ist.	
Mit diesem Dokument können sich Privatpersonen für zahlungsunfähig erklären.	
Dieser Betreibungsart unterliegen Privatpersonen nur in Ausnahmefällen.	
Mit dieser öffentlichen Urkunde kann ein Schuldner erst wieder betrieben werden, wenn er zu neuem Vermögen gekommen ist.	

W 12.2 Betreibungsarten

5. Sachverhalt zum Privatkonkurs

Der Konkursrichter eröffnet über Albert Augier, Privatperson, den Konkurs.

Beantworten Sie dazu die folgenden Fragen.

a) Welcher Betreibungsart unterliegt Albert Augier grundsätzlich gemäss Gesetz?

b) Welche Rechtshandlung von Albert Augier hat zu seinem Konkurs geführt?

c) Weshalb gilt der Privatkonkurs als Rechtswohltat gegenüber dem Schuldner?

d) In welchem Fall hätte der Privatkonkurs über Albert Augier nicht ausgesprochen werden dürfen?

e) Wer spricht den Privatkonkurs aus?

f) In welchem Gesetzesartikel ist der Privatkonkurs geregelt?

6. Unterscheidung der Betreibungsarten

Was ist bei der Betreibung auf Pfändung anders als bei der Betreibung auf Konkurs? Nennen Sie mindestens drei Unterschiede.

13 Recht und Staat
Familienrecht

Inhaltsverzeichnis

	Theorie	Aufgaben
13.1 Konkubinat	**152**	163
13.2 Ehe	**155**	165
13.3 Eingetragene Partnerschaft	**161**	170
Leistungsziel		162

13 Familienrecht

Einführungsfall

> Amanda Casutt liebt schöne Kleider. Wenn ihre beiden Kinder in der Schule sind, geht sie jeweils ihrem Nebenerwerb als Verkäuferin in einer Kleiderboutique nach. Mit ihrem Einkommen bestreitet sie ihre Kleiderausgaben. Ihr erwerbstätiger Ehemann ist davon nicht so begeistert und verlangt in der Folge, dass sie mit ihrem Einkommen auch ein wenig zum Unterhalt der Familie beitrage. Amanda Casutt weigert sich mit der Bemerkung, durch die Eheschliessung übernehme der Mann die finanzielle Versorgung der Familie. Die Frau sei demgegenüber hauptverantwortlich für den Haushalt und die Betreuung der Kinder.
> Stimmt Amanda Casutts Auffassung über die gesetzliche Rollenverteilung zwischen Eheleuten?

Das Schweizer Rechtssystem unterscheidet drei Formen des intimen Zusammenlebens zweier Personen. Wurde lange Zeit nur die **Ehe** zwischen Frau und Mann gesellschaftlich toleriert und dadurch rechtlich geregelt, sind inzwischen auch das ehelose Zusammenleben (**Konkubinat**) und die **eingetragene Partnerschaft** anerkannt.

Formen des Zusammenlebens		
Konkubinat	Ehe	Eingetragene Partnerschaft
▪ Unterschiedliches oder gleiches Geschlecht	▪ Unterschiedliches Geschlecht	▪ Gleiches Geschlecht
▪ Teilweise im Obligationenrecht geregelt	▪ Vollständig im Zivilgesetzbuch geregelt	▪ Vollständig im Partnerschaftsgesetz geregelt

13.1 Konkubinat

Unter einem **Konkubinat** wird die ehelose, intime Lebensgemeinschaft eines Paares mit unterschiedlichem oder gleichem Geschlecht verstanden. Das Konkubinat ist zu unterscheiden von der blossen Wohngemeinschaft, bei welcher die intime Beziehung fehlt. Das Konkubinat wie auch die **Wohngemeinschaft** sind mit rechtlichen Folgen verbunden.

13.1.1 Entstehung

Art. 530 Abs. 1 OR

Das Konkubinat ist als solches nicht speziell geregelt und **entsteht automatisch**, wenn ein Paar in denselben Haushalt zieht, also z.B. wenn ein Paar eine Wohnung mietet und in dieser fortan gemeinsam lebt. Dabei spielt es keine Rolle, ob nur einer oder beide Partner den Mietvertrag abschliessen oder etwa den Kaufvertrag für eine Eigentumswohnung unterschreiben. Massgebend für die Entstehung des Konkubinats ist folglich nicht ein bewusster Entscheid (wie das z.B. bei der Eheschliessung der Fall ist), sondern allein die Tatsache, dass mit gemeinsamen Kräften und Mitteln ein gemeinsames Ziel angestrebt wird (in der gemeinsamen Wohnung leben). Es sind dies die Tatbestandsmerkmale der im Obligationenrecht geregelten **einfachen Gesellschaft**.

Merke Das Konkubinat und auch die Wohngemeinschaft können rechtlich ohne das betreffende Bewusstsein entstehen, also sogar ohne dass man das realisiert.

13.1.2 Wirkungen

Die obligationenrechtlichen Bestimmungen der einfachen Gesellschaft sind zwar in erster Linie für Unternehmen vorgesehen, werden aber von Gerichten fallweise und sinngemäss auch für das Konkubinat angewendet.

Beiträge für die Gemeinschaft

Art. 531 OR Die Konkubinatspartner haben je die Beiträge zu leisten, welche für die Lebensgemeinschaft erforderlich sind. Wer genau welchen Beitrag zu leisten hat (Geld-, Sach- oder Arbeitsleistung), lässt sich aus dem Gesetz nicht ableiten, sondern muss vereinbart werden. Es wäre aber auch nicht sinnvoll, gesetzlich eine bestimmte Aufteilung der gemeinschaftlichen Pflichten vorzuschreiben, da die Möglichkeiten und Bedürfnisse der Paare in der Praxis sehr unterschiedlich sein können.

Beispiel Ein Paar teilt sich die Haushaltspflichten auf, ein anderes Paar hat sich darauf geeinigt, dass der Mann den ganzen Haushalt erledigt, weil er nicht erwerbstätig ist.

Vertretung nach aussen

Ohne besondere Vereinbarung vertritt jeder Partner nach aussen nur sich persönlich und braucht dafür entsprechend auch keine Einwilligung des anderen.

Art. 534 OR Aus den Regeln der einfachen Gesellschaft lässt sich sinngemäss ableiten, dass jede die Gemeinschaft betreffende **Entscheidung nach innen gemeinsam** getroffen wird, also abgesprochen werden sollte.

Art. 535 OR Das aus einer internen Entscheidung resultierende **Rechtsgeschäft** (z. B. ein Kaufvertragsabschluss) können beide Konkubinatspartner ohne die Mitwirkung des anderen, also je **alleine abschliessen**.

Beispiel Der Kauf einer neuen Wohnzimmereinrichtung auf Kredit sollte (auch aus Haftungsgründen – vgl. unten) mit dem Partner abgesprochen werden. Der entsprechende Vertragsabschluss kann in der Folge durch den einen oder anderen Partner getätigt werden.

Haftung für Schulden

Art. 544 Abs. 3 OR Für alle Verpflichtungen aus (stillschweigend oder ausdrücklich) bewilligten, **gemeinsamen Bedürfnissen** haften die Konkubinatspartner **solidarisch** (also auch für den Anteil des Partners).

Beispiel Ein Konkubinatspaar hat einen Konsumkredit von CHF 10 000 für gemeinsame Bedürfnisse aufgenommen. Wenn der Mann in der Folge nicht in der Lage ist, seinen Anteil von CHF 5000 zurückzubezahlen, muss die Frau die ganzen CHF 10 000 zurückbezahlen.

Für Verpflichtungen aus **individuellen Bedürfnissen** haftet ein Partner nur für sich **persönlich**.

Beispiel Die Frau kann die Semestergebühren für ihre persönliche Weiterbildung nicht bezahlen. Der Mann ist nicht dazu verpflichtet, die Semestergebühren zu übernehmen.

13.1.3 Auflösung

Die Auflösung des Konkubinats erfolgt durch die Auflösung des gemeinsamen Haushalts, also genau so **formlos** wie die Entstehung. Ausschlaggebend für die Auflösung kann der einseitige Wille oder der Tod eines Konkubinatspartners oder auch gegenseitiges Einvernehmen sein.

Aufteilung von Vermögenswerten

Art. 533 OR Grundsätzlich gibt es rechtlich **kein gemeinsames Vermögen** und es besteht kein Anspruch auf den Vermögenszuwachs des Partners. Die Vermischung von Geld- und Sachwerten ist nach langjährigen Partnerschaften jedoch naturgemäss gross. Entsprechend strittig kann zwischen den Konkubinatspartnern die Frage nach der gerechten Aufteilung des Vermögens sein. Wenn es einer gerechten Lösung dient, wenden Gerichte fallweise die Regeln der einfachen Gesellschaft über die **Gewinnverteilung** sinngemäss an: Beide Partner erhalten die Hälfte des Vermögenswachstums bzw. müssen sich die Hälfte eines Verlustes anrechnen lassen.

Beispiel *Im Konkubinat erledigt Anna Liebermann den Haushalt. Für den Unterhalt des Paares ist ihre Partnerin Linda Weiler erwerbstätig. Lindas Ersparnisse von CHF 50 000 vom Lohn werden bei Auflösung des gemeinsamen Haushalts beim Streit vor Gericht zur Hälfte Anna zugesprochen, weil sie zugunsten der Gemeinschaft auf die Möglichkeit eigener Ersparnisse verzichtet hat.*

Keine gesetzlichen Unterhalts-, Renten- und Erbansprüche

Weil das Konkubinat bei seiner Auflösung keinen gesetzlichen Unterhalts-, Renten- oder Erbanspruch kennt (wie dies bei der Ehe der Fall ist), sollten diese Punkte zwischen den Partnern speziell geregelt werden. Solche Vereinbarungen heissen **Konkubinatsverträge**.

Allfällige Rentenansprüche im Todesfall eines Partners müssen mit den betreffenden Versicherungen ausgehandelt werden (z. B. Pensionskasse). Erbansprüche können im

➔ Kapitel 14 Rahmen des Erbrechts verfügt werden (z. B. mit einem Testament).

Form und Inhalt des Konkubinatsvertrags

Ein **Konkubinatsvertrag** sollte aus Beweisgründen schriftlich verfasst oder öffentlich beurkundet werden. Es werden unter anderem die folgenden Punkte geregelt:
- **Beiträge** für die Gemeinschaft (Wer übernimmt welche Pflichten?)
- **Inventar** der Vermögenswerte (Wem gehört was?)
- **Unterhalt** bei Auflösung (Wer hat allenfalls wen finanziell zu unterstützen?)

A E-Aufgaben 1 bis 3, W-Aufgabe 4

13.2 Ehe

13.2.1 Eheschliessung

Zur Eheschliessung müssen zwei Brautleute unterschiedliches Geschlecht haben, ehefähig sein und es dürfen keine Ehehindernisse vorliegen. Ausserdem müssen das Vorbereitungsverfahren und die Trauung korrekt durchgeführt werden.

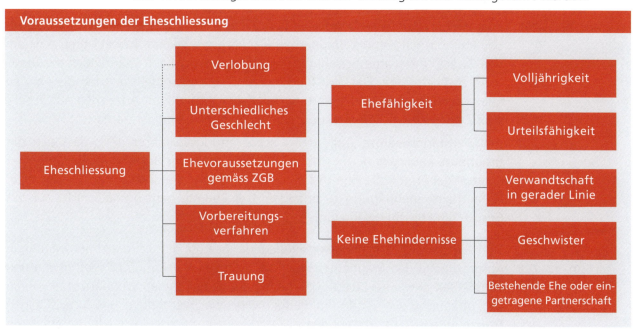

Verlobung

Art. 90–93 ZGB Keine Voraussetzung der zivilrechtlichen Eheschliessung, jedoch üblich und mit gewissen rechtlichen Folgen verbunden, ist die vorherige **Verlobung** der Brautleute (Eheversprechen). Durch die Verlobung entsteht zwar **kein klagbares Recht** auf die Eheschliessung. Wird jedoch die Verlobung von einer Partei nicht gehalten, können entsprechende Geschenke (z.B. der teure Verlobungsring) und im guten Glauben erfolgte Auslagen (z.B. für die geplante Hochzeitsfeier) zurückverlangt werden.

Ehefähigkeit

Art. 94 ZGB Die **Ehefähigkeit** erlangen Brautleute durch ihre **Handlungsfähigkeit**, also durch ihre Volljährigkeit und ihre Urteilsfähigkeit.

Ehehindernisse

Art. 95 ZGB Die **Verwandtschaft** der Brautleute in gerader Linie (z.B. zwischen Vater und Tochter oder zwischen Grossmutter und Enkel) verhindert die Eheschliessung. Auch die Ehe zwischen Geschwistern (egal ob durch gemeinsame Elternteile oder durch Adoption) ist verboten.

Art. 96 ZGB Können die Brautleute den Nachweis nicht erbringen, dass frühere Ehen oder eingetragene Partnerschaften (mit gleichgeschlechtlichen Partnern) ungültig oder aufgelöst worden sind (durch Tod oder Scheidung), besteht ebenfalls ein Ehehindernis. Der Nachweis des geschiedenen **Zivilstandes** kann durch das schriftliche Scheidungsurteil, jener des verwitweten Zivilstandes durch den Totenschein des Partners

➔ 13.3

Familienrecht

erbracht werden. Der Nachweis des ledigen Zivilstandes kann mit der Wohnsitzbescheinigung erbracht werden.

Zu ungültigen Doppelehen (**Bigamie**) kann es kommen, wenn etwa eine im Ausland geschlossene Ehe den Schweizer Behörden verheimlicht wird.

Vorbereitungsverfahren und Trauung

Art. 97–100 ZGB Zum **Vorbereitungsverfahren** auf dem **Zivilstandsamt** (10 Tage bis 3 Monate vor der Trauung) müssen die Brautleute persönlich erscheinen. Es hat unter anderem den Zweck, den vorne erwähnten Nachweis des richtigen Zivilstandes der Brautleute zu überprüfen. Der Zivilstandsbeamte stellt ausserdem fest, ob die übrigen Ehevoraussetzungen erfüllt sind, und darf bei eindeutigen Anzeichen auf Schein- oder Zwangsehe nicht auf das Gesuch der Eheschliessung eintreten.

Beispiel Der Zivilstandsbeamte stellt beim Vorbereitungsverfahren fest, dass sich die Brautleute kaum kennen. Es ist offenkundig, dass der Bräutigam, ausländischer Staatsangehöriger, die Ehe nur eingehen will, um die noch fehlende Schweizer Aufenthaltsgenehmigung zu erlangen. Der Beamte geht deshalb nicht auf das Gesuch um Eheschliessung ein.

Art. 101–103 ZGB Sind alle Ehevoraussetzungen erfüllt, legt der Beamte den Zeitpunkt der Trauung in Absprache mit den Brautleuten fest. Die zivilrechtliche Trauung findet im von den Brautleuten gewählten **Traulokal** (häufig am gemeinsamen Wohnort) statt. Durch das öffentliche «Ja-Wort» im Beisein von zwei volljährigen und urteilsfähigen **Trauzeugen** wird die Ehe vor dem Zivilstandsbeamten geschlossen. Im Anschluss an

Art. 97 Abs. 3 ZGB die zivilrechtliche Eheschliessung («vor dem Staat») kann die **kirchliche Eheschliessung** («vor Gott») erfolgen.

Eheungültigkeit

Es werden zwei Arten der **Eheungültigkeit** unterschieden.

Art. 104–106 ZGB Eine **zeitlich unbefristete** Eheungültigkeit besteht, wenn eine der erwähnten Ehevoraussetzungen (Ehefähigkeit und keine Ehehindernisse) zum Zeitpunkt der Eheschliessung nicht erfüllt war (und sich dies erst im Nachhinein herausstellt), bei Zwangsehen, bei Scheinehen sowie bei Eheschliessungen Minderjähriger im Ausland. Die Auflösung der betreffenden Ehe erfolgt von Amtes wegen oder auf Antrag.

Art. 107 ZGB Ein Ehegatte kann ausserdem **zeitlich befristet** aus den folgenden Ungültigkeitsgründen die Auflösung der Ehe verlangen:
- Vorübergehende **Urteilsunfähigkeit** (z.B. wegen Trunkenheit)
- **Irrtum** betreffend Eheschliessung als solche oder betreffend Identität der angetrauten Person
- **Absichtliche Täuschung** betreffend wesentlicher persönlicher Eigenschaften des Ehepartners (z.B. der Ehemann verheimlicht seine Zeugungsunfähigkeit oder die Ehefrau ihre schwere Drogensucht)

Art. 108 ZGB Die zeitlich befristete Auflösung der Ehe kann vom benachteiligten Ehepartner innerhalb von sechs Monaten seit Kenntnis des Ungültigkeitsgrundes verlangt werden.

A E-Aufgabe 5, W-Aufgaben 9 und 10

13.2.2 Wirkungen

Die gültige Eheschliessung bewirkt für die Ehegatten eine ganze Reihe von Rechten und Pflichten.

Eheliche Gemeinschaft

Art. 159 ZGB Durch die Ehe soll eine dauerhafte Lebensgemeinschaft begründet werden. Die Ehegatten schulden einander **Treue und Beistand**, d.h., sie berücksichtigen nicht nur ihre persönlichen Bedürfnisse und Interessen, sondern auch jene der ehelichen Gemeinschaft. Ehegatten beraten und unterstützen einander und sorgen für die gemeinsamen Kinder. Im Grundsatz gilt, dass jede wichtige Entscheidung – mit oder ohne rechtliche Folgen für die Eheleute – gemeinsam getroffen werden sollte. Das Gesetz spricht von «einträchtigem Zusammenwirken» der Eheleute.

Beispiel Eine Ehefrau und Mutter zweier Kinder möchte ihren Nebenerwerb als Arzthelferin an den Nagel hängen und eine Umschulung zur Kauffrau in Angriff nehmen. Ob sich dieses persönliche Berufsziel finanziell und organisatorisch mit der momentanen familiären Situation verträgt, bespricht sie in der Folge mit ihrem Ehemann.

Familienname und Bürgerrechte

Art. 160 ZGB Grundsätzlich behalten beide Ehegatten ihren Nachnamen und bestimmen, welchen ihrer Ledignamen ihre Kinder tragen sollen. Die Ehegatten können aber auch einen Ledignamen als **Familiennamen** wählen, den in der Folge beide Ehegatten und auch gemeinsame Kinder tragen.

Art. 161 ZGB Beide Ehegatten behalten ihr bisheriges **Kantons- und Gemeindebürgerrecht**. Die Eheschliessung und auch die Wahl des gemeinsamen Wohnsitzes haben diesbezüglich keine Auswirkung.

Ausländerinnen bzw. **Ausländer** erlangen durch die Ehe mit einem Schweizer bzw. einer Schweizerin nicht automatisch das Schweizer Bürgerrecht, sondern vorerst nur die Aufenthaltsgenehmigung (falls nicht sowieso schon vorhanden). Eine erleichterte **Einbürgerung** ist später möglich, wenn
- die Ausländerin bzw. der Ausländer insgesamt fünf Jahre (statt der ordentlichen 12 Jahre) in der Schweiz wohnhaft war,
- die Ausländerin bzw. der Ausländer das letzte Jahr in der Schweiz lebte und
- die Ehe mit dem Schweizer bzw. der Schweizerin schon drei Jahre dauerte.

Eheliche Wohnung

Art. 162/169 ZGB
→ **3. Semester Kapitel 9**

Die Eheleute bestimmen gemeinsam die **Familienwohnung**. Als Folge davon kann z.B. das Wohnhaus der Familie nur mit dem Einverständnis des Ehegatten verkauft oder ein entsprechender Mietvertrag gekündigt werden.

Familienrecht

Unterhalt der Familie

Art. 163 ZGB Die Eheleute einigen sich ihren Fähigkeiten und Neigungen entsprechend darüber, wer mit welchen Mitteln für den **Unterhalt der Familie** aufkommt. Zum Unterhalt der Familie gehören einerseits deren **finanzielle Versorgung** (in der Regel durch Erwerbsarbeit) und andererseits die Erledigung der anfallenden **Haushaltarbeiten**. Wenn aus einer Ehe gemeinsame Kinder hervorgehen, muss auch verabredet werden, wer in welchem Umfang für deren **Betreuung und Erziehung** aufkommt.

Lösung Einführungsfall Im Fall der Ehefrau Amanda Casutt gibt es keine eherechtlich vorgeschriebene Rollenverteilung. Amanda Casutts Auffassung ist folglich falsch. Je nachdem, wie stark der Ehemann im Haushalt und bei der Betreuung der Kinder mithilft, ist es angemessen, dass die Ehefrau mit ihrem Einkommen ebenfalls zum Unterhalt der Familie beiträgt. Die eheliche Rollenverteilung zwischen Frau und Mann muss abgesprochen werden.

Art. 164 ZGB Verzichtet ein Ehegatte zugunsten der Familie vollständig oder teilweise auf ein eigenes Erwerbseinkommen, weil sie bzw. er den Haushalt und die Kinder versorgt, hat sie bzw. er Anspruch auf einen angemessenen Geldbetrag zur freien Verfügung.

Beispiel Der Ehemann ist zu 100% erwerbstätig, die Ehefrau erledigt zu 100% den Haushalt. Nach Abzug aller Auslagen und Ersparnisse für die gemeinsamen Bedürfnisse bleiben pro Monat CHF 800 übrig. Es ist angemessen, dass den beiden Eheleuten je CHF 400 für individuelle Bedürfnisse zur Verfügung stehen.

Vertretung nach aussen und Haftung für Schulden

Art. 166 ZGB Jeder Ehepartner kann die Gemeinschaft nach aussen grundsätzlich **alleine** vertreten, also z.B. ohne die Mitwirkung des anderen die alltäglichen Einkäufe tätigen. Geht die entsprechende Verpflichtung aber über die **laufenden Bedürfnisse** der Gemeinschaft hinaus, braucht ein Ehepartner die Zustimmung des anderen. Diese Zustimmung kann je nach den konkreten Umständen ausdrücklich oder stillschweigend erfolgen. Gutgläubige Drittpersonen dürfen davon ausgehen, dass diese Zustimmung vorliegt.

→ **2. Semester Kapitel 3**

Beispiel Zu den laufenden Bedürfnissen einer Familie gehören etwa Auslagen für Wohnung, Mobilität, Nahrung, Kleidung, Körperpflege, Medikamente, Versicherungen usw. Zu den ausserordentlichen Bedürfnissen einer Familie gehören etwa ein Auto, ein Hauskauf oder ein Konsumkredit.

Für alle **Verpflichtungen aus gemeinsamen Bedürfnissen** (egal ob laufende oder ausserordentliche) haften die Ehepartner **solidarisch** (also auch für den Anteil des anderen). Persönlich haftet ein Ehepartner ausnahmsweise für nicht bewilligte ausserordentliche Auslagen. Für **Verpflichtungen aus individuellen Bedürfnissen** haften die Eheleute immer nur für sich **persönlich** und brauchen entsprechend auch keine Einwilligung des Ehepartners dazu, solange der Unterhalt der Gemeinschaft dadurch nicht beeinträchtigt wird.

Vertretung und Haftung der Eheleute

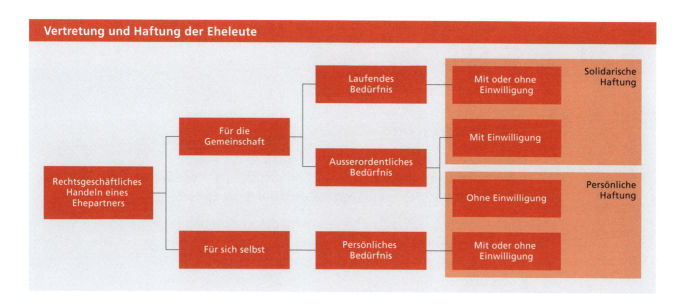

Beruf und Gewerbe der Ehegatten

Art. 167 ZGB Die **Berufsausübung** hat mit Rücksicht auf das Wohl der ehelichen Gemeinschaft zu erfolgen. Daraus folgt z.B., dass der Arbeitsort nicht zu weit weg vom Wohnort liegen sollte. Im gegenseitigen Einverständnis ist es aber durchaus denkbar, dass ein Ehepartner aus beruflichen Gründen während der Woche nicht in der ehelichen Gemeinschaft lebt.

Auskunftspflicht

Art. 170 ZGB Die Eheleute können voneinander Auskunft über **Einkommen, Vermögen und Schulden** verlangen. Diese Auskunftspflicht ist eine logische Folge der solidarischen Haftung für gemeinsame Schulden.

Schutz der ehelichen Gemeinschaft

Art. 171 ZGB Bei Eheschwierigkeiten können die Ehegatten gemeinsam oder einzeln die Unterstützung von **kantonalen Ehe- oder Familienberatungsstellen** beanspruchen.

Art. 172 ZGB Wenn nötig, können eheliche Pflichtverletzungen mit geeigneten Massnahmen auch gerichtlich beseitigt werden.

Beispiel Der Ehemann hat sich als unfähig erwiesen, die Kinder zu betreuen. Wiederholt hat er seine Pflichten in schwerwiegender Weise vernachlässigt. Aus diesem Grund entzieht ihm das Gericht sämtliche entsprechenden Befugnisse und Ansprüche. Die Ehefrau trifft fortan alle Entscheide betreffend Erziehung und Betreuung der Kinder alleine.

Art. 175 ZGB Die (vorläufige) **Trennung** ist die Aufhebung des gemeinsamen Haushalts und darf von einem Ehepartner auch gegen den Willen des anderen vollzogen werden, wenn das weitere Zusammenleben seine Persönlichkeit, seine wirtschaftliche Sicherheit oder das Wohl der Familie ernsthaft gefährden würde (z.B. der Ehemann droht körperliche Gewalt an). Durch die Trennung bleiben alle ehelichen Rechte und Pflich-

Familienrecht

ten bestehen. Sie dient insofern dem Schutz der ehelichen Gemeinschaft, dass durch die Trennung in Ausnahmefällen eine spätere Fortsetzung der Lebensgemeinschaft ermöglicht wird.

A E-Aufgaben 6 und 7, W-Aufgaben 11 und 12

Eheliches Güterrecht

Das eheliche Güterrecht regelt zwei Fragen:
- Wer nutzt und verwaltet welche Vermögensbestandteile während der Ehe?
- Wer erhält welches Vermögen bei Auflösung der Ehe?

Die gesetzlichen oder vereinbarten vermögensrechtlichen Regeln zwischen den Ehepartnern heissen **Güterstände**. Wenn nichts anderes vereinbart wurde, hat jeder Ehepartner vollen Anspruch auf folgendes Vermögen:
- persönliche Gegenstände
- persönliche Geschenke
- Erbschaften
- Vermögen, das er schon vor der Eheschliessung besessen hatte

Alle anderen Vermögensbestandteile muss er mit dem Ehepartner teilen. Dies sind insbesondere Ersparnisse vom Lohn oder andere Erträge wie z.B. Kapitalzinsen.

Merke Dies ist (dem Bildungsplan entsprechend) eine stark vereinfachte Darstellung des ehelichen Güterrechts ohne Angabe der massgebenden Gesetzesartikel.

13.2.3 Auflösung

Art. 111–134 ZGB

Auf die Trennung folgt in der Regel die (endgültige) **Scheidung**. Sie kann im gegenseitigen Einvernehmen oder auf Klage eines Ehepartners erfolgen. Durch die Scheidung werden grundsätzlich alle ehelichen Rechte und Pflichten aufgehoben. Gesetzliche Erb- und Rentenansprüche entfallen.

Das Scheidungsrecht regelt insbesondere
- die Aufteilung des ehelichen **Vermögens**,
- die Zuteilung des **Sorgerechts** für Kinder auf einen oder beide Ehepartner und
- die Festlegung allfälliger **Unterhaltsbeiträge** zugunsten des haushaltführenden Ehepartners und der Kinder.

Abgesehen von der Scheidung führt auch der **Tod** eines Ehepartners zur **Auflösung der Ehe**. Fragen nach dem Unterhalt des überlebenden Ehepartners oder nach dem Sorgerecht für die Kinder stellen sich in dem Fall naturgemäss nicht. Da aber Erben vermögensrechtliche Ansprüche haben, muss auch beim Tod eines Ehepartners die

→ 13.2.4 Aufteilung des ehelichen Vermögens geregelt sein.

Die Ehe hat bei Auflösung gegenüber dem Konkubinat die folgenden Vorteile:
- Die haushaltführende Person hat auch ohne Vereinbarung Anspruch auf **Unterhaltszahlungen** (bei der Scheidung).
- Es besteht ein Anspruch auf **Rentenzahlungen** (beim Tod des Ehepartners).
- Es besteht auch ohne Vereinbarung ein **Erbanspruch** (beim Tod des Ehepartners).

Merke Die vorläufige Aufhebung der ehelichen Gemeinschaft ohne rechtliche Folgen heisst Trennung. Die endgültige Auflösung der Ehe mit den entsprechenden rechtlichen Folgen wird durch die Scheidung oder den Tod bewirkt.

A E-Aufgabe 8

13.3 Eingetragene Partnerschaft

Die **eingetragene Partnerschaft** gemäss **Partnerschaftsgesetz** (PartG) ermöglicht es **gleichgeschlechtlichen Paaren**, rechtlich annähernd die gleiche Stellung zu erlangen wie Ehepaare.

13.3.1 Entstehung

Die eingetragene Partnerschaft gleichgeschlechtlicher Paare entsteht durch die Eintragung unter dem **Zivilstand** «in eingetragener Partnerschaft» auf dem **Zivilstandsamt**. Daraufhin erhält das Paar einen **Partnerschaftsausweis**.

Voraussetzungen

Anders als bei der Eheschliessung braucht es weder **Trauzeugen**, noch gibt es das offizielle «Ja-Wort». Beide Partner müssen aber wie bei der Eheschliessung **handlungsfähig** sein, also volljährig und urteilsfähig.

Hindernisse

Die Hinderungsgründe sind identisch mit den **Ehehindernissen**: Die Partner dürfen einerseits nicht in gerader Linie verwandt und auch nicht verschwistert sein. Andererseits müssen sie im Vorverfahren den Nachweis des ledigen, geschiedenen oder verwitweten Zivilstandes erbringen.

Merke Eine verheiratete Person kann keine Partnerschaft registrieren lassen und eine Person in einer eingetragenen Partnerschaft kann nicht heiraten.

Ungültigkeit

→ 13.2.1 Die eingetragene Partnerschaft kennt dieselben unbefristeten und befristeten **Ungültigkeitsgründe** wie die Ehe.

13.3.2 Wirkungen

→ 13.2.2 Die Eintragung der Partnerschaft stellt die gleichgeschlechtlichen Paare den Ehepaaren grundsätzlich gleich betreffend **Treue und Beistand** in der Gemeinschaft, **Familienname, Unterhalt, Wohnung, Vertretung nach aussen, Haftung für Schulden, Auskunftspflicht** und **Schutz der Gemeinschaft**. Es sind jedoch die folgenden Ausnahmen zu berücksichtigen:

- **Künstliche Befruchtung** ist nicht erlaubt (für Ehepaare schon).
- **Gesetzlicher Güterstand** ist die **Gütertrennung**, d.h. Schulden und Vermögen bleiben getrennt. Es besteht die Möglichkeit, einen anderen Güterstand zu vereinbaren.

13.3.3 Auflösung

Die eingetragene Partnerschaft kann im gegenseitigen Einvernehmen oder auf **Klage eines Partners** vorzeitig aufgelöst werden. Die Bestimmungen des ehelichen **Scheidungsverfahrens** kommen sinngemäss zur Anwendung. Durch die vorzeitige Auflösung entfallen alle rechtlichen Wirkungen der Partnerschaft, insbesondere gesetzliche Renten- und Erbansprüche.

Die eingetragene Partnerschaft wird auch durch den **Tod** des einen Partners aufgelöst. Die Vermögensteilung wird in Abhängigkeit des geltenden Güterstandes (Gütertrennung, Errungenschaftsbeteiligung oder Gütergemeinschaft) vorgenommen.

→ 13.2.3 Im Übrigen hat die eingetragene Partnerschaft bei Auflösung dieselben Vorteile wie die Ehe:

- Die haushaltführende Person hat Anspruch auf **Unterhaltszahlungen** (bei der vorzeitigen Auflösung).
- Es besteht ein Anspruch auf **Rentenzahlungen** (beim Tod des Partners).
- Es besteht ein gesetzlicher **Erbanspruch** (beim Tod des Partners).

A E-Aufgaben 13 und 14, W-Aufgabe 15

Leistungsziel

1.5.3.11 Familienrecht

Ich erkläre die Voraussetzungen und Wirkungen der Ehe, des Konkubinats und der eingetragenen Partnerschaft und zeige die wesentlichen Unterschiede auf.

E 13.1 Konkubinat

1. Formen des Zusammenlebens

Vervollständigen Sie die folgende Übersicht.

Ehe	Konkubinat	Eingetragene Partnerschaft
Unterschiedliches Geschlecht		
Vollständig im Zivilgesetzbuch geregelt		

2. Begriff und Entstehung des Konkubinats

Kreuzen Sie an, ob die folgenden Aussagen richtig oder falsch sind.
Begründen Sie Ihren Entscheid auf der Zeile darunter.

R	F	Aussage
☐	☐	Zwischen einem Konkubinat und einer Wohngemeinschaft gibt es grundsätzlich keinen Unterschied.
☐	☐	Das Konkubinat entsteht durch einen Vertragsabschluss.
☐	☐	Das Konkubinat erfüllt die Voraussetzungen der einfachen Gesellschaft, weshalb die entsprechenden Regeln fallweise zur Anwendung kommen.
☐	☐	Die einfache Gesellschaft ist im Zivilgesetzbuch geregelt.
☐	☐	Das Konkubinat und die Wohngemeinschaft können rechtlich entstehen, ohne dass dies den Parteien bewusst ist.

Recht und Staat

Familienrecht

3. Wirkungen und Auflösung des Konkubinats

Beantworten Sie für Konkubinatspaare die folgenden rechtlichen Fragen gemäss den Bestimmungen über die einfache Gesellschaft. Nennen Sie auch den oder die jeweils massgebenden Gesetzesartikel.

Frage	Antwort	Artikel
Beiträge für die Gemeinschaft: Wer erbringt welche Geld-, Sach- oder Arbeitsleistung zugunsten der Lebensgemeinschaft?		
Vertretung nach aussen: Wer darf Entscheidungen für die Gemeinschaft treffen und entsprechende Verpflichtungen eingehen?		
Haftung für Schulden: Wer haftet für gemeinsame und wer für individuelle Verpflichtungen?		
Aufteilung von Vermögenswerten: Wer erhält welchen Anteil am Vermögenszuwachs während einer Partnerschaft, wenn sie aufgelöst wird?		

W 13.1 Konkubinat

4. Sachverhalt zum Konkubinat

Erna Züllig und Remo Steuri, beide ledig, leben seit 25 Jahren zusammen in einer gemieteten 3-Zimmer-Wohnung in Latterbach. Da Remo als Kreditsachbearbeiter bei einer Regionalbank von Anfang an ein sehr gutes Einkommen verdiente, konnte er während der gemeinsamen Zeit mit Erna CHF 200 000 sparen. Erna Züllig gab schon bald ihre gelernte Tätigkeit im Verkauf auf, um sich voll dem gemeinsamen Haushalt widmen zu können. Über all die Jahre führten Erna und Remo eine sehr glückliche Beziehung. Doch das hat sich nun geändert: Remo ist frisch verliebt in Sereina Züllig, Ernas Cousine, die er an einem Familienfest kennengelernt hat. Auch Sereina ist «hin und weg» von Remo. Beide möchten so schnell wie möglich heiraten. Remo ist aus diesem Grund bereits aus der mit Erna gemeinsam gemieteten Wohnung ausgezogen. Die Möbel, die er jeweils vom Lohn bezahlte, hat er alle mitgenommen. Darunter sind zu Ernas Ärger auch Stücke, die sie damals selbst in die Beziehung eingebracht hatte.

a) Wann genau und durch welche Handlung ist das Konkubinat zwischen Erna Züllig und Remo Steuri rechtlich entstanden?

b) Welches war während der Dauer des Konkubinats das gemeinsame Ziel von Erna und Remo, durch das die Regeln der einfachen Gesellschaft zur Anwendung kommen können?

c) Durch welche Handlung ist das Konkubinat zwischen Erna Züllig und Remo Steuri wieder aufgelöst worden?

d) Durch welche rechtliche Massnahme hätten Erna und Remo regeln können, wem welche Möbelstücke gehören?

e) Mit welcher Verteilung der Vermögenswerte darf Erna rechnen, wenn das Gericht im Rechtsstreit die Regeln der Gewinnverteilung der einfachen Gesellschaft sinngemäss anwendet?

f) Inwiefern muss Erna durch die Auflösung des Konkubinats mit beruflichen Nachteilen rechnen?

E 13.2 Ehe

5. Ehevoraussetzungen und Vorbereitungsverfahren

Umschreiben Sie die folgenden Fachbegriffe dem Beispiel entsprechend.

Fachbegriff	Umschreibung
Ehefähigkeit	Handlungsfähigkeit: Volljährigkeit und Urteilsfähigkeit
Ehehindernisse	
Vorbereitungsverfahren	
Zeitlich unbefristete Eheungültigkeit	
Zeitlich befristete Eheungültigkeit	

Familienrecht

6. Wirkungen der Ehe – Lückentext

Vervollständigen Sie den Text zu den rechtlichen Folgen der Eheschliessung. In jede Lücke passt ein Wort bzw. eine Zahl.

Die Ehegatten schulden einander gemäss Art. _____ ZGB Treue und _____, d.h., sie berücksichtigen nicht nur die persönlichen Bedürfnisse und Interessen, sondern auch jene der _____ Gemeinschaft. Ehegatten beraten und unterstützen einander und sorgen für gemeinsame _____. Im Grundsatz gilt, dass jede wichtige Entscheidung – mit oder ohne rechtliche Folgen für die Eheleute – _____ getroffen werden sollte.

Die Eheleute bestimmen, welchen ihrer Lediganamen ihre Kinder tragen sollen, und ob sie selbst ihren Lediganamen behalten wollen oder alle einen gemeinsamen _____ tragen.

Die Eheschliessung und auch die Wahl des gemeinsamen Wohnsitzes haben grundsätzlich _____ Auswirkung auf die Bürgerrechte der Eheleute. Ausländerinnen bzw. Ausländer erlangen jedoch durch die Ehe mit einem Schweizer bzw. einer Schweizerin die Möglichkeit einer _____ Einbürgerung.

Wer mit welchen Mitteln für den Unterhalt der Familie aufkommt, bestimmen die _____ gemeinsam. Verzichtet ein Ehegatte zugunsten der Familie vollständig oder teilweise auf ein eigenes Erwerbseinkommen, hat sie bzw. er Anspruch auf einen angemessenen _____ zur freien Verfügung.

Jeder Ehepartner kann die Gemeinschaft nach aussen grundsätzlich _____ vertreten. Geht eine entsprechende Verpflichtung aber über die laufenden Bedürfnisse der Gemeinschaft hinaus, braucht ein Ehepartner die Zustimmung des anderen. Diese Zustimmung kann je nach den konkreten Umständen ausdrücklich oder _____ erfolgen. Für alle gemeinsamen Verpflichtungen haften die Ehepartner _____, für individuelle Verpflichtungen haften sie _____.

7. Wirkungen der Ehe – Aussagen

Entscheiden Sie, welche der folgenden Aussagen über die allgemeinen Wirkungen der Ehe gemäss Gesetz richtig oder falsch sind. Geben Sie auf der Zeile darunter jeweils an, auf welchen Gesetzesartikel Sie sich bei Ihrem Entscheid gestützt haben.

R	F	Aussage
☐	☐	Solange der erwerbstätige Ehemann seiner Frau genügend Geldmittel zur Führung des Haushalts zur Verfügung stellt, ist er nicht verpflichtet, Auskunft über seine Einkünfte zu erteilen.
☐	☐	Die Ehefrau, die den Haushalt führt und die Kinder betreut, hat Anspruch auf einen Beitrag zur freien Verfügung. Diesen Anspruch hat auch der Ehemann, wenn er den Haushalt führt und die Kinder betreut.
☐	☐	Die Ehefrau hat in ihrem Namen und für eigene Zwecke einen Personenwagen auf Kredit gekauft. Später ist sie nicht in der Lage, den Kaufpreis zu bezahlen. Nun haftet der Ehegatte mit seinem privaten Vermögen für die Erfüllung dieses Vertrags.
☐	☐	Jeder Ehegatte kann, ohne die Zustimmung des anderen einholen zu müssen, einen Mietvertrag für eine Ferienwohnung abschliessen.
☐	☐	Der Ehemann, der im Grundbuch als Eigentümer eines Einfamilienhauses eingetragen ist, kann sein Haus nur mit ausdrücklicher Zustimmung seiner Ehefrau verkaufen, falls die Familie in diesem Haus lebt.

Familienrecht

8. Eheschutz und Auflösung der Ehe

Kreuzen Sie an, ob die folgenden Aussagen richtig oder falsch sind. Auf der Zeile darunter korrigieren Sie die falschen Aussagen und nennen bei den richtigen den massgebenden Gesetzesartikel.

R	F	Aussage
☐	☐	Zur Trennung kann es kommen, wenn das Wohl der Familie ernsthaft gefährdet ist.
☐	☐	Eine Trennung ist nur im gegenseitigen Einvernehmen möglich.
☐	☐	Durch die Trennung werden wie bei der Scheidung alle ehelichen Rechte und Pflichten aufgehoben.
☐	☐	Eine Ehe wird nur durch eine Scheidung endgültig aufgelöst.
☐	☐	Gesetzliche Erb- und Rentenansprüche gegenüber dem Ehepartner sind von der Scheidung nicht betroffen.
☐	☐	Durch die Scheidung entfallen sämtliche Ansprüche gegenüber dem Ehepartner.

W 13.2 Ehe

9. Ehevoraussetzungen und Vorbereitungsverfahren

Kreuzen Sie alle Sachverhalte an, bei denen eine zivilrechtliche Eheschliessung nicht möglich ist.

N = Eheschliessung nicht möglich

Sachverhalt	N
Die Braut ist 15 Jahre alt.	☐
Der Bräutigam und die Braut sind beide Ausländer.	☐
Eine Verlobung hat nie stattgefunden.	☐
Die kirchliche Trauung hat noch nicht stattgefunden.	☐
Der Bräutigam kann die Folgen der Eheschliessung nicht beurteilen.	☐
Die Braut liebt den Bräutigam mehr als umgekehrt.	☐
Die Braut weigert sich, am Ehevorbereitungsverfahren teilzunehmen.	☐

10. Eheungültigkeit

Kreuzen Sie bei allen Sachverhalten an, ob eine befristete oder unbefristete Eheungültigkeit oder eine gültige Ehe besteht.

BU = Befristete Ungültigkeit   UU = Unbefristete Ungültigkeit   GE = Gültige Ehe

Sachverhalt	BU	UU	GE
Die Braut ist vorbestraft.	☐	☐	☐
Der Bräutigam hat sich nach der Trauung betrunken.	☐	☐	☐
Die Braut hat verheimlicht, dass sie bereits im Ausland verheiratet ist.	☐	☐	☐
Der Bräutigam hat verheimlicht, dass er seit Jahren schwer alkoholabhängig ist.	☐	☐	☐
Es stellt sich heraus, dass die Brautleute denselben leiblichen Vater haben.	☐	☐	☐
Die Braut (der deutschen Sprache nicht mächtig) meinte, dass es sich bei der Trauung lediglich um ein Einbürgerungsverfahren handle. Heiraten wollte sie nicht.	☐	☐	☐
Der Bräutigam hilft im Haushalt nicht so mit, wie sich die Braut das vorgestellt hatte.	☐	☐	☐
Der Bräutigam fürchtete bei der Trauung um sein Leben, weil der Vater der Braut ihm am Vorabend den Tod angedroht hatte, falls er nicht «ja» sagen würde.	☐	☐	☐

11. Wirkungen der Ehe

Kreuzen Sie bei allen Aussagen an, ob es Wirkungen (W) der Ehe sind.

Aussage	W
Die Ehefrau behält ihr Kantons- und Gemeindebürgerrecht.	☐
Für sämtliche Ausgaben ist das Einverständnis des Ehepartners notwendig.	☐
Wichtige Entscheide, welche die Familie betreffen, sind grundsätzlich gemeinsam zu fällen.	☐
Können sich die Eheleute nicht einigen, so hat der Ehemann das letzte Wort.	☐
Die Kinder tragen immer den Ledignamen des Vaters.	☐
Die Ehefrau trägt den Ledignamen des Ehemannes, wenn sie will.	☐
Ohne andere Abmachung hat die Ehefrau den Haushalt zu besorgen, während der Ehemann für den Lohn verantwortlich ist.	☐
Der Ehemann hat der Ehefrau über sein Einkommen Auskunft zu geben.	☐
Falls der Ehemann selbst über keine Ersparnisse verfügt und mit seinem Lohn einen gemeinsamen Kredit nicht mehr bezahlen kann (z.B. für eine Wohnwand), muss die Ehefrau den Rest unter Umständen alleine abbezahlen.	☐

Familienrecht

12. Wirkungen der Ehe – Sachverhalt

Der Kochherd des Ehepaares Dupont funktioniert nicht mehr. Barbara Dupont beauftragt in der Folge auf eigene Faust einen Fachmann, um den Herd reparieren zu lassen. Die Rechnung beläuft sich auf CHF 200. Als Barbara Duponts Ehemann davon erfährt, ist er sehr verärgert. Er meint, dass er die Reparatur auch selbst «zum Nulltarif» hätte vornehmen können, und weigert sich deshalb, die Rechnung zu begleichen.

Kreuzen Sie an, ob sich Barbara Duponts Ehemann weigern darf, die Kosten mitzutragen. Begründen Sie Ihre Antwort und nennen Sie auch den massgebenden Gesetzesartikel inklusive Absatz.

☐ Der Ehemann muss die Kosten mittragen.
☐ Der Ehemann muss die Kosten nicht mittragen

Begründung:

Gesetzesartikel:

E 13.3 Eingetragene Partnerschaft

13. Entstehung der eingetragenen Partnerschaft

Nennen Sie hinsichtlich der Entstehung alle rechtlichen Gemeinsamkeiten und Unterschiede der eingetragenen Partnerschaft im Vergleich zur Ehe.

Unterschiede	
Eingetragene Partnerschaft	Ehe

Gemeinsamkeiten

14. Wirkungen und Auflösung der eingetragenen Partnerschaft

Kreuzen Sie an, ob die folgenden Stichworte auf die eingetragene Partnerschaft (P) zutreffen.

Aussage	P
Gegenseitige Treue und gegenseitiger Beistand	☐
Solidarische Haftung für gemeinsame Schulden	☐
Gegenseitige Auskunftspflicht über Einkommen	☐
Gegenseitiger Erb- und Rentenanspruch	☐
Anspruch auf Unterhaltszahlungen	☐
Ordentlicher Güterstand = Errungenschaftsbeteiligung	☐
Eheliches Scheidungsverfahren	☐
Adoption zulässig	☐
Familienname auf Wunsch	☐

Familienrecht

W 13.3 Eingetragene Partnerschaft

15. Entstehung und Wirkungen der eingetragenen Partnerschaft – Sachverhalt

Sabine Bolliger und Alexandra Wenger leben seit Jahren in Thalwil im Konkubinat und möchten ihre Partnerschaft eintragen lassen. Sabine Bolliger ist Dentalhygienikerin in einer Vollzeitanstellung. Alexandra Wenger arbeitet mit einem 20%-Pensum im Sekretariat einer Hilfsorganisation und erledigt den gemeinsamen Haushalt.

a) Wo genau müssen die beiden Frauen ihr Begehren um Eintragung der Partnerschaft stellen?

b) Als die beiden Frauen zum Vorbereitungsverfahren erscheinen, weigert sich der Beamte, auf ihr Begehren einzutreten. Welche rechtlichen Tatsachen könnten zur Weigerung des Beamten geführt haben?

c) Wird sich durch die Eintragung der Partnerschaft etwas an der Tatsache ändern, wie die beiden Frauen ihren gemeinsamen Haushalt und dessen Unterhalt organisieren? Begründen Sie Ihre Antwort.

d) Inwiefern ist die Eintragung der Partnerschaft insbesondere für Alexandra Wenger von Vorteil? Begründen Sie Ihre Antwort.

e) Welcher Güterstand wird durch die Eintragung der Partnerschaft begründet, wenn die beiden Frauen diesbezüglich keine Vereinbarung treffen (gesetzlicher Güterstand)?

14 Recht und Staat
Erbrecht

Inhaltsverzeichnis

	Theorie	Aufgaben
14.1 Gesetzliche Erbteilung	**175**	182
14.2 Letztwillige Erbteilung	**179**	189

Leistungsziel	181

14 Erbrecht

Einführungsfall

Der alleinerziehende Robert Eng ist bei einem tragischen Arbeitsunfall unerwartet ums Leben gekommen. Er hinterlässt seine Tochter Sara sowie seine Eltern Rosa und Ivan Eng. Von seiner Ehefrau Aline wurde er schon vor zwei Jahren geschieden. Das Vermögen des Verstorbenen besteht aus Geld- und Sachwerten von CHF 1 700 000 sowie Schulden von CHF 500 000 (Hypothek). Seinen letzten Willen (Testament) hat Robert Eng zu Lebzeiten nie geäussert.
Wie genau werden das Vermögen und die Schulden auf die Hinterbliebenen verteilt?

Wenn eine Person verstirbt, hinterlässt sie in der Regel nicht nur Verwandte und Bekannte, sondern auch Vermögenswerte und allenfalls sogar Schulden. Solche Hinterlassenschaften in Form von Geld- und Sachwerten abzüglich allfälliger Schulden werden als **Nachlass**, **Erbmasse** oder **Erbschaft** bezeichnet. Es stellt sich in der Folge die Frage, wer Anspruch darauf hat.

Art. 457–466 ZGB
→ 14.1

Hat die verstorbene Person – sie heisst Erblasserin bzw. **Erblasser** – ihren diesbezüglichen Willen zu Lebzeiten nicht geäussert, z.B. weil der Tod unerwartet eingetreten ist oder bewusst darauf verzichtet wurde, geht der Nachlass an die **gesetzlichen Erben**. Wer das ist, regelt dispositiv das Erbrecht im Zivilgesetzbuch.

Art. 467–536 ZGB
→ 14.2

Möchte der Erblasser seinen Nachlass nicht wie vom Gesetz vorgesehen verteilen, muss er seinen letzten Willen in einer gültigen «**Verfügung von Todes wegen**» äussern. Er hat dabei gesetzliche Schranken bezüglich Form und Inhalt – ebenfalls im Erbrecht geregelt – zu beachten.

Fähig, eine Erbschaft anzutreten, ist grundsätzlich jede rechtsfähige (natürliche oder juristische) Person. Auf diese Weise kann ein Nachlass oder ein Teil davon neben der Verwandtschaft etwa auch einem Freund, einem Bekannten, einem Verein, einem Unternehmen, einer wildfremden Person oder auch dem Staat vererbt werden. Jede begünstigte Person hat das Recht, eine Erbschaft abzulehnen. Sie wird dies insbesondere dann tun, wenn die Erbschaft überschuldet ist (mehr Schulden als Vermögen).

14.1 Gesetzliche Erbteilung

Die **gesetzliche Erbteilung** (auch **gesetzliche Erbfolge** genannt) kommt, wie bereits erwähnt, dann zur Anwendung, wenn der Erblasser zu Lebzeiten keinen oder keinen gültigen letzten Willen geäussert hat. Gesetzliche Erben sind erstens überlebende Ehepartner bzw. Partner gemäss Partnerschaftsgesetz und zweitens mit dem Erblasser blutsverwandte Personen. Hinterlässt der Erblasser keine Angehörigen, so fällt die Erbschaft ausnahmsweise an den Staat (Wohnsitzkanton oder -gemeinde).

Art. 466 ZGB

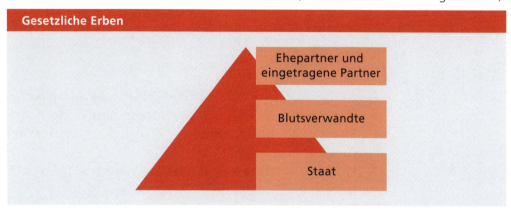

14.1.1 Grundlagen

Zur Bestimmung erbrechtlicher Ansprüche ist es häufig sinnvoll, die Verwandtschaft des Erblassers grafisch darzustellen. Die folgenden Symbole werden im vorliegenden Lehrmittel zur Darstellung eines erbrechtlichen Sachverhalts verwendet:

○	Männliche Person
□	Weibliche Person
⊗	Erblasser (hier männlich)
⊠	**Vorverstorbene Person** (hier weiblich) – sie ist vor dem Erblasser verstorben
○–□	Ehepaar
□–□	Eingetragene Partnerschaft (hier weiblich)
○⋯□	Unverheiratetes oder geschiedenes Paar
○–□ / □	Ehepaar mit leiblichem oder adoptiertem Nachkommen (hier Tochter)

Erbrecht

Beispiel Der Erblasser hinterlässt seine Ehefrau, eine Tochter und einen Sohn. Ein zweiter Sohn ist bereits vor Jahren bei einem Autounfall zusammen mit seiner Ehefrau verstorben.

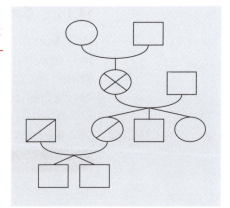

Da die Nähe der Verwandtschaft zum Erblasser einen Einfluss auf die Erbberechtigung einer Person hat, wird die **Blutsverwandtschaft** in sogenannte **Stämme** unterteilt:

1. **Stamm der Nachkommen** – Kinder des Erblassers und ihre Nachkommen (Enkel, Urenkel usw.)
2. **Stamm der Eltern** – Eltern des Erblassers und ihre Nachkommen (Geschwister, Nichten und Neffen usw.)
3. **Stamm der Grosseltern** – Grosseltern des Erblassers und ihre Nachkommen (Tanten und Onkel, Cousins und Cousinen usw.)

Beispiel

1. bis 3. Stamm der Blutsverwandtschaft

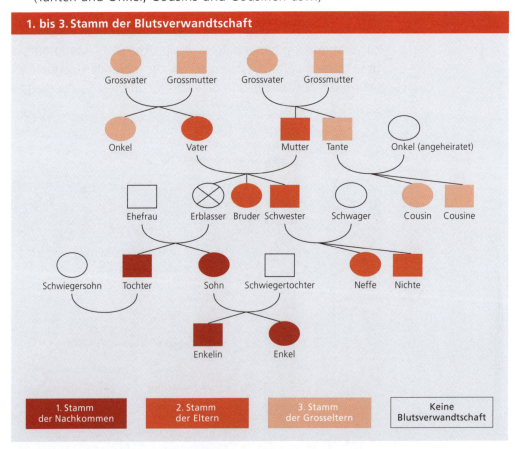

14.1.2 Überlebende Ehepartner und eingetragene Partner

→ 13.2 Stirbt ein Ehepartner oder ein gemäss Partnerschaftsgesetz eingetragener Partner, führt dies zur Auflösung der betreffenden Ehe bzw. Partnerschaft. In der Folge wird das gemeinsame Vermögen nach den Regeln des Eherechts aufgeteilt. Der eherechtliche Anteil des verstorbenen Partners bildet den Nachlass, an welchem der überlebende Partner zusammen mit den übrigen Erben ebenfalls erbberechtigt ist.

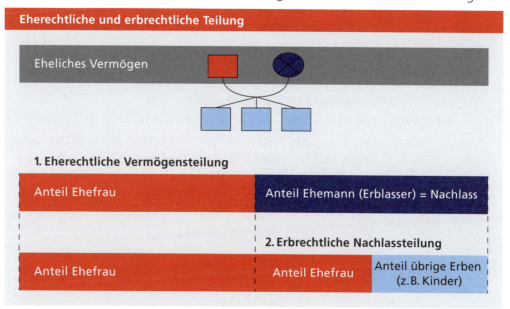

Merke Ein überlebender Ehepartner bzw. eingetragener Partner wird beim Tod des anderen zweimal berechtigt: ein erstes Mal an der ehelichen Vermögensteilung gemäss Güterstand und ein zweites Mal an der erbrechtlichen Nachlassteilung.

Art. 462 ZGB Der gesetzliche Erbanspruch des überlebenden Ehepartners oder Partners gemäss Partnerschaftsgesetz ist davon abhängig, zu welchem Stamm die ebenfalls erbberechtigte Blutsverwandtschaft gehört. **Der Partner erhält** in Konkurrenz mit dem
1. Stamm **die Hälfte** des Nachlasses;
2. Stamm **drei Viertel** des Nachlasses;
3. Stamm den **ganzen Nachlass**.

Beispiel Das eheliche Vermögen beträgt beim Tod des Ehemannes CHF 300 000. Die Aufteilung nach eherechtlichen Regeln ergibt je einen Anteil von CHF 150 000 zugunsten der Ehefrau und des Ehemannes (Aufteilung je nach Güterstand auch anders möglich). Der Anteil des Ehemannes (Nachlass von CHF 150 000) fällt bei der anschliessenden erbrechtlichen Teilung je zur Hälfte wiederum an die überlebende Ehefrau und an die gemeinsame Tochter. Die Ehefrau erhält also insgesamt CHF 225 000, die Tochter CHF 75 000.

Erbrecht

14.1.3 Blutsverwandte

Wie bereits weiter oben erwähnt, hängt die gesetzliche Erbberechtigung der Blutsverwandtschaft von der Nähe zum Erblasser ab. Es gelten die folgenden Teilungsregeln:

1. **Ein näherer Stamm schliesst entferntere Stämme aus.**

Art. 457 Abs. 1 ZGB An erster Stelle erben die Kinder des Erblassers und deren **Nachkommen** (1. Stamm). Adoptierte Kinder sind den leiblichen Kindern rechtlich gleichgestellt.

Art. 458 Abs. 1 ZGB Der **2. Stamm** (der Eltern) erbt nur, wenn der Erblasser keine Nachkommen hinterlässt.

Art. 459 Abs. 1 ZGB Der **3. Stamm** (der Grosseltern) erbt nur, wenn sowohl der 1. als auch der 2. Stamm nicht (mehr) existieren.

Art. 460 ZGB Mit dem 3. Stamm endet die gesetzliche Erbberechtigung.

Beispiel Der Erblasser Anton Müller hinterlässt seine Eltern und seine Tochter Verena Müller. Die Tochter Verena erbt den ganzen Nachlass von CHF 300 000.

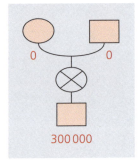

Lösung Einführungsfall Im Fall des Erblassers Robert Eng beträgt der gesamte Nachlass CHF 1 200 000 (Vermögen von CHF 1 700 000 abzüglich Schulden von CHF 500 000). Die Tochter Sara ist alleinige Erbin. Die Eltern im 2. Stamm und die geschiedene Ehefrau Aline sind von Gesetzes wegen nicht erbberechtigt.

2. **An erster Stelle erben die jeweiligen Stammesoberhäupter.**

Art. 457 Abs. 2 ZGB Die an erster Stelle erbberechtigten Personen innerhalb eines Stammes sind die **Stammesoberhäupter**. Im 1. Stamm sind es die **Kinder** des Erblassers, die zu gleichen Teilen erben.

Art. 458 Abs. 2 ZGB Im 2. Stamm sind es die **Eltern** des Erblassers, die je den gleichen Anteil erben.

Art. 459 Abs. 2 ZGB Im 3. Stamm sind es die **Grosseltern** des Erblassers, die zu gleichen Teilen erben. Die beiden Grosseltern auf der Mutterseite und die beiden Grosseltern auf der Vaterseite erben folglich je einen Viertel.

Beispiel Die Erblasserin Lydia Merz, deren Adoptivsohn vorverstorben ist, hinterlässt ihren Eltern einen Nachlass von CHF 200 000. Mutter und Vater erben je CHF 100 000.

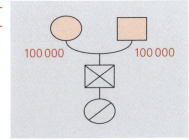

3. Anstelle vorverstorbener Personen erben deren Nachkommen.

Art. 457 Abs. 3 ZGB   Wenn eine erbberechtigte Person vorverstorben ist (d.h. zeitlich vor dem Erblasser), dann treten an ihre Stelle deren Nachkommen. Ist z.B. im **1. Stamm** der erbberechtigte Sohn des Erblassers vorverstorben, so erben an seiner Stelle dessen Kinder (zu gleichen Teilen), also die Enkel des Erblassers. Anstelle eines ebenfalls vorverstorbenen Enkels würde weiter ein Urenkel erben usw.

Art. 458 Abs. 3 ZGB   Im **2. Stamm** (der Eltern) sind es die Geschwister des Erblassers, die anstelle eines vorverstorbenen Elternteils zu gleichen Teilen erben. Ist z.B. auch ein Bruder vorverstorben, erben an seiner Stelle dessen Kinder (Nichten und Neffen des Erblassers) usw.

Art. 459 Abs. 3 ZGB   Im **3. Stamm** (der Grosseltern) sind es die (blutsverwandten) Tanten und Onkel, die z.B. anstelle des vorverstorbenen Grossvaters erben, bzw. Cousinen und Cousins, falls auch eine Tante oder ein Onkel vorverstorben ist, usw.

Beispiel Die Erblasserin Nina Eyer hinterlässt ihrem Vater, ihrer Schwester und dem Sohn ihres vorverstorbenen Bruders einen Nachlass von CHF 600 000. Der Vater erbt CHF 300 000. Die Schwester und der Neffe erben den Anteil der vorverstorbenen Mutter, also je CHF 150 000.

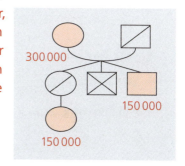

Art. 458 Abs. 4 ZGB
Art. 459 Abs. 3 ZGB   Sind bei der gesetzlichen Erbteilung im 2. oder 3. Stamm alle Blutsverwandten der einen Seite vorverstorben (z.B. Mutterseite), so fällt die ganze Erbschaft (abzüglich allfälliger Ansprüche überlebender Partner) an die andere Seite (z.B. Vaterseite).

A E-Aufgaben 1 bis 5, W-Aufgaben 6 bis 8

14.2 Letztwillige Erbteilung

Aus den verschiedensten Gründen können Erblasser zu Lebzeiten den Wunsch haben, ihren Nachlass anders zu verteilen, als dies die gesetzlichen Regeln vorsehen. So möchte z.B. ein Mann seiner geschiedenen Ehefrau etwas zukommen lassen, obwohl ihr gesetzlicher Erbanspruch durch die Scheidung erloschen ist. Jemand anderes möchte seinen Verein, dessen Mitglied er Zeit seines Lebens war, begünstigen. Oder eine Mutter möchte ihrer alleinerziehenden Tochter mehr zukommen lassen als der anderen Tochter, die keine Kinder hat und in einer Partnerschaft lebt, in der beide Partner erwerbstätig sind.

Unabhängig vom Grund muss der Erblasser die inhaltlichen und formalen Schranken einer **Verfügung von Todes wegen** beachten. Gerade die formalen Anforderungen sind vergleichsweise hoch, da eine entsprechende Verfügung naturgemäss erst mit dem Tod des Erblassers wirksam wird und folglich unmissverständlich und beweiskräftig formuliert sein muss.

Art. 467 ZGB   In den Schranken des Gesetzes und unter Beachtung von Formvorschriften kann jede handlungsfähige (also mündige und urteilsfähige) Person über die Verteilung ihres Nachlasses frei entscheiden. Die Verfügungsfreiheit des Erblassers wird allerdings durch Mindestansprüche der gesetzlichen Erben (sogenannte Pflichtteile) eingeschränkt.

Erbrecht

> **Merke** Dies ist (dem Bildungsplan entsprechend) eine stark vereinfachte Darstellung der erbrechtlichen Mindestansprüche ohne Angabe der massgebenden Gesetzesartikel.

14.2.1 Testament

Art. 498 ZGB Das **Testament** ist ein **einseitiges Rechtsgeschäft**. Allein der Wille des Erblassers ist massgebend für die Verteilung des Nachlasses. Entsprechend wirken die gesetzlichen Erben bei der **letztwilligen Verfügung** (Testament) nicht mit. Der Erblasser muss aber aus Gründen der Rechtssicherheit zwingend eine der drei folgenden Formen einhalten:

Art. 499–504 ZGB
- **Öffentlich beurkundetes Testament** bei einem Beamten, Notar oder einer anderen Urkundsperson unter Mitwirkung von zwei Zeugen

Art. 505 ZGB
- **Eigenhändiges Testament** (qualifizierte Schriftlichkeit), welches der Erblasser vollständig handschriftlich mit Angabe von Datum und Unterschrift verfasst

Art. 506–508 ZGB
- **Mündliches Testament** (Nottestament) unter ausserordentlichen Umständen (z. B. unmittelbare Todesgefahr) vor zwei Zeugen mit sofortiger anschliessender Beurkundung bei einer Gerichtsbehörde

Art. 509–511 ZGB Der Erblasser kann seine letztwillige Verfügung jederzeit in einer der drei obigen Formen aufheben oder abändern oder auch ganz einfach die entsprechende Urkunde vernichten.

> **Merke** Jedes spätere Testament des Erblassers hebt alle früheren ganz oder teilweise auf.

Art. 484 ZGB Will der Erblasser natürliche oder juristische Personen begünstigen, ohne dass diese als Erben eingesetzt werden, spricht man von einem **Vermächtnis (Legat)**. Auch das Vermächtnis darf die Pflichtteilsansprüche der gesetzlichen Erben nicht verletzen (wie bei der Erbeneinsetzung).

Beispiel *Der Erblasser verfügt, dass die Birnen aus dem Garten seiner Liegenschaft auch nach seinem Tod dem angrenzenden Kindergarten abgegeben werden sollen. Die Erblasserin verfügt, dass der Schweizer Paraplegiker-Stiftung CHF 50 000 vermacht werden.*

14.2.2 Erbvertrag

Die Verfügungsfreiheit des Erblassers wird wie oben erwähnt durch Mindestansprüche der gesetzlichen Erben eingeschränkt. Strebt der Erblasser mit den gesetzlichen Erben eine Nachlassverteilung an, die über diese Verfügungsfreiheit hinausgeht, muss er mit ihnen einen **Erbvertrag** vereinbaren. Der Erbvertrag ist im Gegensatz zum Testament ein **mehrseitiges Rechtsgeschäft**, weil er das Einverständnis aller betroffenen Erben erfordert.

Beispiel *Der Vater vereinbart mit seinen beiden Töchtern das Folgende: Die jüngere, alleinstehende Tochter, die sich seit Jahren um den betagten Erblasser kümmert und ihn nach dem Tod der Mutter bei sich aufgenommen hat, soll den ganzen Nachlass erhalten. Die ältere Tochter, die beruflich sehr erfolgreich und dadurch finanziell bestens versorgt ist, verzichtet freiwillig auf jeglichen Anteil am Nachlass.*

Art. 512 ZGB Der Erbvertrag muss öffentlich beurkundet werden (bei einem Beamten, Notar oder einer anderen Urkundsperson) und von allen Vertragsschliessenden sowie zwei Zeugen unterschrieben werden. Seine Aufhebung oder auch Abänderung erfordert ebenfalls die öffentliche Beurkundung.

Merke Der Erbvertrag kann ohne Einverständnis aller Vertragsschliessenden nicht mehr aufgehoben oder abgeändert werden.

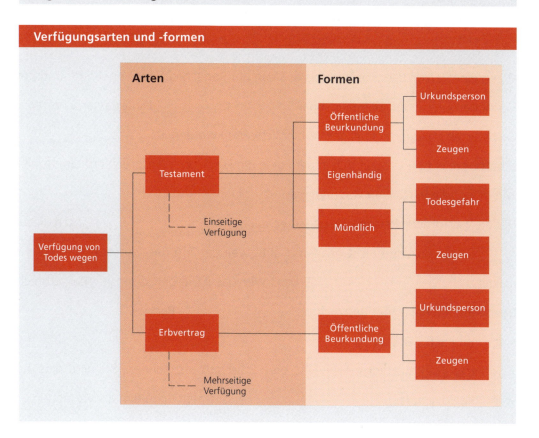

A E-Aufgaben 9 und 10, W-Aufgabe 11

Leistungsziel

1.5.3.12 Erbrecht

Ich bestimme für typische Erbteilungen die gesetzlichen Erben und kenne die gesetzlichen Regelungen einer letztwilligen Verfügung.

Erbrecht

E 14.1 Gesetzliche Erbteilung

1. Lückentext zur gesetzlichen Erbteilung

Ergänzen Sie den Lückentext mit dem jeweils passenden Begriff. Jeder der alphabetisch aufgelisteten Begriffe kommt höchstens einmal vor, zwei Begriffe kommen gar nicht vor.

Blutsverwandte	eingetragene	Erblasser	geschiedene
gesetzlichen	liquide	Nachlass	Schulden
überschuldet	Willen		

Wenn eine Person verstirbt, hinterlässt sie in der Regel nicht nur Verwandte und Bekannte, sondern auch Vermögenswerte und allenfalls sogar _____. Hinterlassenschaften in Form von Geld- und Sachwerten abzüglich allfälliger Verbindlichkeiten werden als _____, Erbmasse oder Erbschaft bezeichnet. Es stellt sich in der Folge die Frage, wer Anspruch auf einen Teil der Erbschaft hat und wie genau die Verteilung vorzunehmen ist.

Hat die verstorbene Person – sie heisst rechtlich _____ – ihren diesbezüglichen _____ zu Lebzeiten nicht geäussert, z.B. weil der Tod unerwartet eingetreten ist, geht die Erbschaft an die _____ Erben. Wer das ist, regelt dispositiv das Erbrecht im Zivilgesetzbuch: überlebende Ehepartner und _____ Partner, _____ oder ersatzweise auch der Staat.

Jede Person hat allerdings das Recht, eine Erbschaft abzulehnen. Sie wird dies insbesondere dann tun, wenn die Erbschaft _____ ist (mehr Schulden als Vermögen).

2. Blutsverwandtschaft benennen

Benennen Sie direkt in der Grafik alle Personen aus der Sicht der Erblasserin und auch die Erblasserin selbst. Ihr Ehemann ist als Beispiel bereits eingetragen.

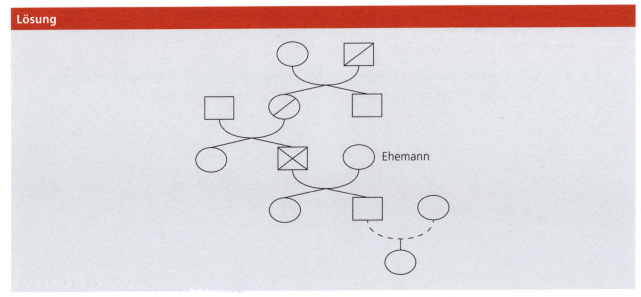

Lösung

182

3. Stämme der Blutsverwandtschaft

Stellen Sie die beiden folgenden erbrechtlichen Sachverhalte mit den entsprechenden Symbolen dar. Jede im Text erwähnte Person muss auch in der Grafik vorkommen.

a) Sachverhalt von Bernhard Grau

Bernhard Grau ist im Alter von 81 Jahren verstorben und hinterlässt seine Ehefrau Susanne sowie seinen Sohn Peter. Tochter Petra ist bereits vor Jahren gestorben. Sie hinterliess ihren Ehemann Leon und ihren gemeinsamen Sohn Jonas. Bernhards Mutter ist bei seiner Geburt gestorben. Der Vater wohnt bei Bernhards Schwester Karin.

Lösung

b) Sachverhalt von Ikarus Idakis

Der Erblasser Ikarus Idakis ist im Alter von 65 Jahren bei einem Flugzeugabsturz verstorben und hinterlässt seine Ehefrau Maria sowie seinen Sohn Remo. Tochter Ilaria ist bereits früher bei der Geburt des letzten von insgesamt vier Söhnen gestorben. Sie hinterliess ihren Ehemann Ruben. Aus einer unehelichen Beziehung des Erblassers mit Lara Piller ist Luisa hervorgegangen.

Lösung

Erbrecht

4. Aussagen zur gesetzlichen Nachlassteilung

Vervollständigen Sie die folgenden Aussagen zur gesetzlichen Nachlassteilung.

a) Ein näherer Stamm schliesst …

b) Der Stamm der Eltern erbt nur, wenn …

c) An erster Stelle innerhalb eines Stammes erben …

d) Im 3. Stamm erben an erster Stelle …

e) Anstelle vorverstorbener Personen erben …

f) Anstelle der Eltern erben im 2. Stamm …

g) Die gesetzliche Erbberechtigung der Blutsverwandtschaft endet mit dem …

5. Gesetzliche Anteile von Partnern und Blutsverwandten

Geben Sie bei den drei nachfolgenden Verwandtschaftsverhältnissen an, wer welchen gesetzlichen Anteil am Nachlass erbt. Tragen Sie die Bruchteile direkt in die Grafik ein.

Sachverhalt a)

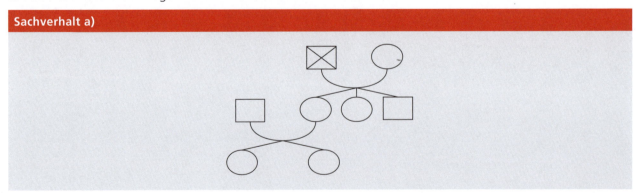

Recht und Staat

Sachverhalt b)

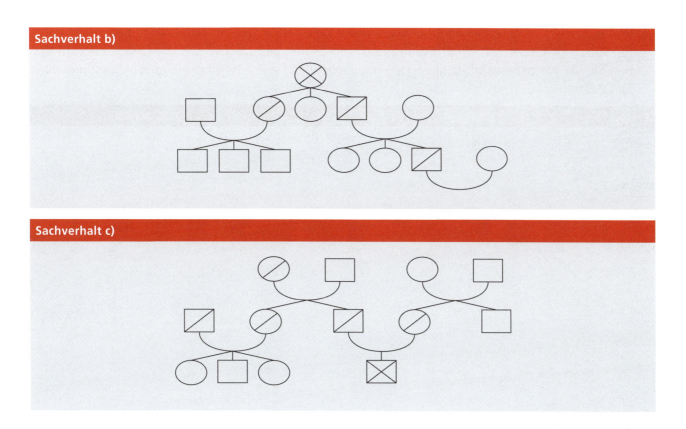

Sachverhalt c)

W 14.1 Gesetzliche Erbteilung

6. Sachverhalt von Manuel Weiss

Der Erblasser Manuel Weiss ist im Alter von 75 Jahren verstorben. Er hinterlässt seine Ehefrau Margrit sowie seine Tochter Eva. Seine zweite Tochter Ursula ist bereits gestorben. Sie hinterlässt ihren Freund Beat und den gemeinsamen Sohn Reto. Aus einer unehelichen Beziehung des Erblassers mit Barbara Staub ist Isabelle hervorgegangen. Der Nachlass von Manuel Weiss beträgt CHF 1 200 000.

Beantworten Sie die folgenden Fragen, bezogen auf den Sachverhalt.

a) Nennen Sie die Namen aller Personen, die zum 1. Stamm der Blutsverwandtschaft von Manuel Weiss gehören.

Erbrecht

b) Wer erbt welchen gesetzlichen Bruchteil und wie viele CHF, wenn der Erblasser keinen gültigen letzten Willen geäussert hat, die Erbteilung also gemäss den gesetzlichen Bestimmungen erfolgt? Nennen Sie da, wo es verlangt ist, auch den massgebenden Gesetzesartikel inklusive Absatz und allenfalls Ziffer.

Person	Bruchteil	CHF	ZGB-Artikel
Margrit			
Eva			
Ursula			
Beat			
Reto			
Barbara			
Isabelle			
Total			

c) Welche Vermögensteilung musste der erbrechtlichen Teilung im Fall von Manuel Weiss vorausgehen, damit sein Nachlass von CHF 1 200 000 bestimmt werden konnte?

d) Unter welcher Voraussetzung hätte die Ehefrau Margrit den ganzen Nachlass beanspruchen können?

e) Welcher gesetzliche Erbe hätte den Nachlass angetreten, wenn der Erblasser niemanden hinterlassen hätte?

7. Sachverhalt von Klara Schwarz

Die Erblasserin Klara Schwarz hinterlässt ihren geschiedenen Ehepartner Alfred, ihre Mutter Violetta, ihre beiden Söhne Max und Leo sowie ihren Bruder Klaus. Die Erblasserin hinterlässt ausserdem die uneheliche Tochter Irene aus der Beziehung mit Christian, ein Vermögen von CHF 2 000 000 und Schulden von CHF 800 000. Ihr Vater Johann ist vor Jahren verstorben.

Lösen Sie die folgenden Aufgaben bezogen auf den Sachverhalt.

a) Stellen Sie den erbrechtlichen Sachverhalt von Klara Schwarz mit den entsprechenden Symbolen dar. Jede im Text erwähnte Person muss auch in der Grafik vorkommen.

Lösung

b) Wie viele CHF beträgt der Nachlass von Klara Schwarz?

c) Nennen Sie die Namen aller Personen, die zum 2. Stamm der Blutsverwandtschaft von Klara Schwarz gehören.

d) Listen Sie unten alle gesetzlichen Erben mit ihrem Namen auf. Wer erbt welchen gesetzlichen Bruchteil und wie viele CHF, wenn die Erblasserin keinen gültigen letzten Willen geäussert hat?

Person	Bruchteil	CHF
Total		

e) Unter welcher Voraussetzung würde Alfred zu den gesetzlichen Erben zählen?

Erbrecht

8. Sachverhalt von Giuseppe Frey

Der Erblasser Giuseppe Frey hinterlässt seinen eingetragenen Partner Emil Metzler, seinen Vater Alberto, seinen Bruder Vito und seine Grossmutter Rosalia. Der Nachlass beträgt CHF 80 000.

Lösen Sie die folgenden Aufgaben bezogen auf den Sachverhalt.

a) Listen Sie unten alle gesetzlichen Erben mit ihrem Namen auf. Wer erbt welchen gesetzlichen Bruchteil und wie viele CHF, wenn der Erblasser keinen gültigen letzten Willen geäussert hat? Nennen Sie da, wo es verlangt ist, auch den massgebenden Gesetzesartikel inklusive Absatz und allenfalls Ziffer.

Person	Bruchteil	CHF	ZGB-Artikel
Emil Metzler	1/2	40 000	Art. 462 Ziff. 2
Alberto Frey	1/4	20 000	Art. 458 Abs. 2
Vito Frey	1/4	20 000	Art. 458 Abs. 3
Rosalia	–	–	–
Total	1/1	80 000	

b) Wie sähe die Erbteilung aus, wenn der Erblasser nur seinen Partner Emil und seinen Bruder Vito hinterliesse?

Person	Bruchteil	CHF
Emil Metzler	1/2	40 000
Vito Frey	1/2	40 000
Total	1/1	80 000

c) Wie sähe die Erbteilung aus, wenn der Erblasser nur seinen Partner Emil und seine Grossmutter Rosalia hinterliesse? Nennen Sie auch den massgebenden Gesetzesartikel inklusive Absatz und allenfalls Ziffer.

Person	Bruchteil	CHF	ZGB-Artikel
Emil Metzler	3/4	60 000	Art. 462 Ziff. 3
Rosalia	1/4	20 000	Art. 459 Abs. 2

E 14.2 Letztwillige Erbteilung

9. Verfügungsarten

Kreuzen Sie alle Aussagen an, welche auf das Testament bzw. den Erbvertrag zutreffen. Pro Aussage können kein, ein oder auch zwei Kreuze vorkommen.

Aussage	Testament	Erbvertrag
Einseitiges Rechtsgeschäft	☐	☐
Vertrag	☐	☐
Formfrei möglich	☐	☐
Mündlich möglich	☐	☐
Mitwirkung der Erben erforderlich	☐	☐
Urkundsperson immer erforderlich	☐	☐
Widerruf ohne weiteres möglich	☐	☐
Handlungsfähigkeit des Erblassers	☐	☐

10. Verfügungsformen

Geben Sie für die drei verschiedenen Testamentsformen an, welche Vorschriften jeweils einzuhalten sind. Geben Sie auf der zweiten Zeile auch den oder die jeweils massgebenden Gesetzesartikel (ohne Absatz) an.

Öffentlich beurkundetes Testament	Eigenhändiges Testament	Mündliches Testament

Erbrecht

W 14.2 Letztwillige Erbteilung

11. Sachverhalt von Roland Schweizer

Roland Schweizer betreibt seit über 30 Jahren ein kleineres Baugeschäft in Liebefeld. Sein Sohn Moritz arbeitet seit seiner Lehre als Vorarbeiter im Betrieb und soll diesen bald übernehmen. Aufgrund der Vermögenslage zeichnet sich allerdings bereits jetzt ab, dass die Aktiven des Baugeschäfts von zirka CHF 1,5 Millionen beim vorzeitigen Ableben von Roland Schweizer liquidiert werden müssen. Nur so könnten Ida, der Ehefrau des Erblassers, und Anne-Marie, der Tochter, deren Pflichtteile ausbezahlt werden.

Lösen Sie alle folgenden Aufgaben bezogen auf den Sachverhalt.

a) Mit welcher erbrechtlichen Verfügung kann Roland Schweizer verhindern, dass die Nachlassteilung zur Auflösung des Baugeschäfts führt? Begründen Sie Ihre Antwort.

b) In welcher Form muss die fragliche Verfügung errichtet werden? Nennen Sie auch den massgebenden Gesetzesartikel.

c) Welche konkrete Vereinbarung könnte das erbrechtliche Problem lösen?

Stichwortverzeichnis

A

Abnahme des Warenvorrats 20
Absichtliche Täuschung
 (Eherecht) 156
Ankaufskurs 3
Anlagestrategien 112
Anlagevorschlag 114
Anlageziel 112, 114
Anleihen 110
Auflösung der Ehe 160
Auskunftspflicht 159, 162
Ausländer 157
Ausserordentliche Bedürfnisse 158

B

Berichtsform 27
Bestandeskorrektur 17
Beteiligungsfinanzierung 105
Betreibung auf Konkurs 144
Betreibung auf Pfändung 144
Betreibungsamt 143
Betreibungsarten 143
Betriebsgewinn 27
Bezugskosten 16, 82
Bigamie 156
Blankokredit 107
Blue-Chip-Aktie 113
Blutsverwandtschaft (Erbrecht) 176
Bonität 106
Bonitätsprüfung 107
Bruttogewinn 27
Bruttogewinnzuschlag 27
Budget 142
Budgetberatung Schweiz 143

D

Devisenkurs 3
Diversifikation 111

E

Effekten 108
Ehe 152

Ehefähigkeit 155
Ehehindernis 155, 161
Eheschliessung 155
Eheungültigkeit 156
Eigenfinanzierung 105
Einbürgerung
 (erleichterte, Eherecht) 157
Einfache Gesellschaft 152
Eingetragene
 Partnerschaft 152, 161
Einstandspreis 82
Einstufige Erfolgsrechnung 25
Einzelexekution 144
Einzelkalkulation 83
Einzelvollstreckung 144
Erbanspruch 161, 162
Erblasser 174
Erbmasse 174
Erbschaft 174
Erbvertrag 180
Ertragsminderung 22
Existenzminimum 144

F

Familienname 157, 162
Familienwohnung 157
Finanzierung 104
Fremde Währung 2
Fremdfinanzierung 105

G

Gedeckter Kredit 107
Gemeinkosten 83
Gemeinkostenzuschlag 85
Generalexekution 144
Gesamtkalkulation 83
Gesamtvollstreckung 144
Gesetzliche Erben 174
gesetzliche Erbfolge 175
Gesetzliche Erbteilung 175
Gleichgeschlechtliches Paar 161
Grundpfand 107

Güterstand 160
Gütertrennung 162

H

Haftung für Schulden 158, 162
Handelserlöse 22
Handelswaren 17
Handelswarenaufwand 16
Hypothekarkredit 107

I

Insolvenzerklärung 145
Irrtum 156

K

Kantonale Ehe- oder
 Familienberatungsstelle 159
Kantons- und Gemeinde-
 bürgerrecht 157
Käufermarkt 86
Kirchliche Eheschliessung 156
Klage eines Partners 162
Kommerzieller Blankokredit 107
Kompetenzstücke 144
Konkubinat 152
Konkubinatsvertrag 154
Kreditbewilligung 106
Kreditfähigkeit 106
Kreditprüfung 106
Kreditüberwachung 107
Kreditwürdigkeit 106
Künstliche Befruchtung
 (Partnerschaftsgesetz) 162
Kurs 109
Kurstabelle 2

L

Laufende Bedürfnisse
 (Eherecht) 158
Laufzeit 110
Legat 180
Letztwillige Verfügung 180
Liquidität 112

M

Magisches Anlageviereck **112**
Mehrwertsteuer **56**

N

Nachhaltige Verantwortung **112**
Nachlass **174**
Nettoerlös **24**
Nettoumsatz **24**
Notenkurs **3**

O

Obligationen **110**

P

Partnerschaftsausweis **161**
Partnerschaftsgesetz **161**
Portfolio **113**
Private Verschuldung **142**
Privatkonkurs **145**

R

Reingewinnzuschlag **85**
Rendite **112**
Rentenzahlung **161**, **162**
Ruhendes Konto **17**

S

Scheidung **160**
Scheidungsverfahren **162**
Schuldbetreibungs- und
  Konkursgesetz (SchKG) **143**
Schutz der ehelichen
  Gemeinschaft **159**
Schutz der Gemeinschaft **162**

Selbstfinanzierung **105**
Selbstkosten **83**
Sicherheit **112**
Staffelform **27**
Stämme **176**
Stammesoberhaupt
  (Erbrecht) **178**
Standardisierte
  Währungsabkürzung **3**
Stückelung **110**
Stückkurs **109**

T

Target Costing **86**
Testament **180**
Tod **162**
Traulokal **156**
Trauzeuge **156**, **161**
Trennung **159**
Treue und Beistand **157**, **162**

U

Umsatzsteuer **57**
Ungedeckter Blankokredit **107**
Ungültigkeitsgrund **161**
Unterhalt der Familie **158**
Unterhalt (Partnerschaftsgesetz) **162**
Unterhaltsbeitrag (Eherecht) **160**
Urteilsunfähigkeit (Eherecht) **156**

V

Vereinbartes Entgelt **58**
Verfügung von Todes
  wegen **174**, **179**

Verkäufermarkt **87**
Verkaufserlös **83**
Verkaufskurs **3**
Verkaufswert der
  verkauften Ware **24**
Verlobung **155**
Verlustschein aus Konkurs **144**
Verlustschein aus Pfändung **144**
Vermächtnis (Legat) **180**
Vermögensrecht **108**
Verschuldung **142**
Verschuldungsfalle **142**
Vertretung nach aussen **158**, **162**
Volatilität **109**
Vorbereitungsverfahren **156**
Vorratszunahme **18**
Vorsteuer **57**
Vorverstorbene Person
  (Erbrecht) **175**

W

Warenaufwand **16**
Wechselkurs **2**
Wertpapier **108**
Wohngemeinschaft **152**

Z

Zivilstand **155**, **161**
Zivilstandsamt **156**, **161**
Zunahme des Warenvorrats **18**
Zwangsvollstreckung **143**
Zweistufige Erfolgsrechnung **26**